FAC
UND WIE SIE

So finden und binden Sie als Arzt, Z

CHRIS FENGLER

FACHKRÄFTEMANGEL UND WIE SIE IHM ENTKOMMEN

So finden und binden Sie als Arzt, Zahnarzt oder Facharzt die besten Mitarbeiter

FBV

Bibliografische Information der Deutschen Nationalbibliothek
Die Deutsche Nationalbibliothek verzeichnet diese Publikation in der Deutschen Nationalbibliografie. Detaillierte bibliografische Daten sind im Internet über https://dnb.de abrufbar.

Für Fragen und Anregungen
info@finanzbuchverlag.de

1. Auflage 2023

Türkenstraße 89
80799 München
Tel.: 089 651285-0
Fax: 089 652096

Redaktionelle Mitarbeit: Jörg Hüttmann
Lektorat: Ulrich Wille
Korrektorat: Manuela Kahle
Umschlaggestaltung: Marc-Torben Fischer
Fotos auf dem Cover: Autor: Paul Hoffmann, Hintergrund: Sutterstock/Peakstock
Satz: Andreas Linnemann
Druck: GGP Media GmbH, Pößneck
Printed in Germany

ISBN Print 978-3-95972-709-9
ISBN E-Book (PDF) 978-3-98609-365-5
ISBN E-Book (EPUB, Mobi) 978-3-98609-366-2

Wir produzieren nachhaltig
www.m-vg.de

Weitere Informationen zum Verlag finden Sie unter
www.finanzbuchverlag.de
Beachten Sie auch unsere weiteren Verlage unter www.m-vg.de

INHALT

Vorweg vier Hinweise

1. Wenn ich im Folgenden von »mir« oder »uns« rede, sind stets meine Perspektive als Geschäftsführer der Fengler Consulting GmbH in Berlin oder die Sichtweise meiner Mitarbeiter gemeint. Wir beschäftigen uns seit vielen Jahren mit der Thematik, die diesem Ratgeber zugrunde liegt. Unsere Erfahrungen, Erkenntnisse und Schlussfolgerungen habe ich in diesem Buch zusammengeführt.

2. Zum Zweck der besseren Lesbarkeit wurde in diesem Buch auf eine genderspezifische Schreibweise sowie eine Mehrfachbezeichnung verzichtet. Wenn zum Beispiel von »Ärzten«, »Patienten« und »Angestellten« die Rede ist, sind stets alle Geschlechter gemeint.

3. Dieses Buch beschäftigt sich mit den Ursachen und Auswirkungen des Fachkräftemangels im speziellen Kontext von Arzt-, Facharzt- und Zahnarztpraxen und gibt Empfehlungen und Hinweise zur Identifizierung und Lösung der daraus resultierenden Probleme. Dazu führe ich allgemeine und spezifische Beispiele, Entwicklungen, Er-

fahrungen und Erkenntnisse auf. Nichtsdestotrotz gelten viele davon nicht nur für die Gesundheitsbranche, sondern lassen sich auch auf Anwaltspraxen, Beratungsunternehmen, Maklerbüros und ähnliche Betriebe anwenden, in denen Inhaber, Führungskräfte, Spezialisten und Fachangestellte tagtäglich zusammenarbeiten. Diese Tatsache mindert jedoch nicht die Gültigkeit für das einzelne Praxisteam, das mit zunehmendem Arbeitspensum, fehlendem Nachwuchs und steigender Mitarbeiterunzufriedenheit zu kämpfen hat.

4. Ich spreche mit diesem Buch primär Inhaber von Arzt-, Facharzt- und Zahnarztpraxen an, um ohne Umwege direkt die richtigen Ansprechpartner mit – meiner Wahrnehmung nach – wichtigen Informationen, Hinweisen und Empfehlungen zu versorgen. Nichtsdestotrotz ist der Inhalt auch für andere Entscheidungsträger oder Führungskräfte im medizinischen Bereich interessant. Ich freue mich, wenn ich Ihnen ein paar wertvolle Einblicke, Inspirationen oder Informationen zur Verfügung stellen kann!

Einleitung

DAS PHÄNOMEN FACHKRÄFTEMANGEL

Welche gesellschaftlichen und politischen Ursachen liegen dem Mangel an qualifizierten Fachkräften zugrunde?

Der »Fachkräftemangel« ist bereits seit mehreren Jahren in aller Munde, in den letzten Monaten hat sich die öffentliche Debatte hierzu noch einmal verstärkt. Im Gegensatz zur Position der Bundesagentur für Arbeit, die selbst heute noch keinen flächendeckenden Fachkräftemangel erkennen kann (oder will) und weiterhin von »Fachkräfte-Engpässen« (bezogen auf Branche und Region) spricht, stellt sich für mich bereits ein überregionales und branchenübergreifendes Defizit an Fachkräften in fast allen Bereichen dar.

Meine Perspektive reicht im Gegensatz zur Sichtweise der Politik über die nächsten 10 oder 15 Jahre hinaus, dementsprechend gebe ich mich nicht mit Momentaufnahmen zufrieden, die den Eindruck erwecken, dass sich die seit Jahren deutlich sichtbare Tendenz in absehbarer Zeit umkehren wird. Wenn der Wasserstandspegel eines Gewässers im Moment zwar noch unter der Alarmmarke bleibt, es aber weiterhin wie aus Eimern regnet, sollte niemand davon ausgehen, dass sich urplötzlich ein Ventil öffnen und die bedrohliche Lage innerhalb kürzester Zeit entspannen wird. Auch wenn an den Ufern öffentlichkeitswirksam Politiker stehen und mit handlichen Schöpfkellen symbolisch ihren Beitrag leisten. Wesentlich wahrscheinlicher ist es, dass die Regengüsse bald das sprichwörtliche Fass zum Überlaufen bringen werden. Daher sollte man zwar das Beste hoffen, sich aber besser auf das Worst-Case-Szenario einstellen – da dies das wesentlich wahrscheinlichere ist. Wer nicht nur zeitnah, sondern frühzeitig agiert, hält sich mehr Optionen offen.

Die vermeintlichen demografischen Ursachen des Fachkräftemangels

Grundsätzlich basiert der deutschlandweite Fachkräftemangel auf der demografischen Entwicklung in der Bundesrepublik, dem sogenannten demografischen Wandel. Deutschland gehört laut Einschätzung des Berlin-Instituts für Bevölkerung und Entwicklung zu den Pionieren des demografischen Wandels und muss dementsprechend als eine der ersten betroffenen Nationen einen Weg finden, mit der Alterung seiner Bevölkerung konstruktiv umzugehen. Als Ursachen für den wachsenden Anteil von älteren Menschen an der Gesamtbevölkerung identifizieren die Experten des unabhängigen Thinktanks leistungsfähigere Gesundheitssysteme und ein allgemein hohes Wohlstandsniveau. Infolgedessen werden die Menschen einfach älter. Zugleich gehen die Geburtenzahlen zurück, da heutzutage nicht mehr viele Kinder und Kindeskinder für die Sicherung des Ruhestandes benötigt werden. Es gibt also von Jahr zu Jahr immer weniger Neuankömmlinge auf dem Arbeitsmarkt.

Gleichzeitig nehmen aufgrund von Rationalisierungsmaßnahmen etliche Menschen weit vor dem vorgesehenen

Renteneintrittsalter Abfindungen, Vorruhestandsregelungen und Altersteilzeitangebote in Anspruch und scheiden aus dem Arbeitsmarkt aus.

In Deutschland lässt sich im Widerspruch zum Rechenansatz, der hinter den Prognosen des Modells des demografischen Wandels steht (sinkende Geburtenrate), aber tatsächlich zwischen 1996 und 2016 ein relatives Ansteigen der Geburtenrate feststellen. 2016 lag der Wert bei 1,6 Kindern pro Frau – so hoch wie schon seit Jahrzehnten nicht mehr. Nach der letzten Erhebung des Statistischen Bundesamts von 2021 bewegt sich die Geburtenrate bei 1,53 Kindern pro Frau. In modernen Gesellschaften mit geringer Säuglings- und Kindersterblichkeit wird aber mindestens ein Wert von 2,1 benötigt, um ohne nennenswerte interne Kohortenwanderungen und Zustrom von außerhalb eine konstante Bevölkerungszahl aufrechtzuerhalten. Die Bundesrepublik Deutschland leidet dennoch nicht an einem realen Bevölkerungsrückgang, da sowohl aus Europa als auch aus anderen Regionen der Welt kontinuierlich Menschen zu uns kommen – und dauerhaft bleiben. Dementsprechend pendelt die Bevölkerungszahl in Deutschland laut Statistischem Bundesamt nach der Wiedervereinigung zwischen 79,75 Millionen (1990) und 83,2 Millionen (2021).

Warum also nimmt der Fachkräftemangel zu, wenn rein rechnerisch eigentlich genug Menschen in Deutschland leben, um die bestehenden Arbeitsaufgaben übernehmen zu können? Die Antwort lautet: Die Arbeit wird nicht mehr, die Menschen werden nicht weniger, nur die effektiv für die jeweiligen Anforderungen zur Verfügung stehende Arbeits- und Fachkräftebasis dünnt sich kontinuierlich aus. Hierfür verantwortlich ist keine singuläre Ursache, derer man sich gezielt annehmen und die man mit einer konzertierten Kraftanstrengung beseitigen kann. Vielmehr liegen mehrere Ursachen zugrunde, die sich gegenseitig verstärken.

Die Digitalisierung

Schon seit Beginn der Industrialisierung (Weberaufstände des 18. und 19. Jahrhunderts) wurde jede technische Innovation, die zwar die Produktivität verbesserte und in den allermeisten Fällen auch die Sicherheit der Arbeiter erhöhte, aber ebenfalls oft viel Personal einsparte, von Aktivisten, Gewerkschaftern und anderen Interessenvertretern reflexartig und heftig kritisiert. Die Digitalisierung hat die globalen Wertschöpfungsketten so umgewälzt, wie es seit Jahrhunderten nicht mehr beobachtet werden konnte. Sie wird auch als »Industrie 4.0« bezeichnet und steht als Paradigma für eine umfassende digitale Vernetzung von Menschen, Maschinen, Lieferketten und den Produkten selbst.

Die Befürchtungen der Arbeitnehmervertreter scheinen sich erneut zu bestätigen: Tatsächlich sorgte die Digitalisierung bereits für einen starken Arbeitsplatzabbau in allen Branchen und Wirtschaftsbereichen, Fachmedien wie das *Handelsblatt* rechneten bereits 2019 vor, dass durch die Digitalisierung ein Drittel der Arbeitsplätze mit einem hohen Substituierungsanteil wegfällt. Hier sah das *Handelsblatt* in der Sicherheitsbranche und im Handel mehr Potenzial als zum Beispiel in der Fertigungsindustrie, die laut einer Untersuchung der Springer Fachmedien GmbH von 2018 bereits einen sehr hohen Automatisierungsgrad aufweist. Viele Kritiker vergessen aber, die andere Seite der Medaille zu betrachten: Es gehen durch die Digitalisierung nicht nur Arbeitsplätze verloren, es entstehen auch regelmäßig zahlreiche neue Arbeitsplätze – zum Beispiel Informatiker, Programmierer oder Daten-Analysten. So ging das Bundesarbeitsministerium im Februar 2021 davon aus, dass bis 2040 durch die digitale Transformation zwar circa 5,3 Millionen Stellen obsolet werden, aber zugleich 3,6 Millionen neue Stellen entstehen.

Warum aber reduzieren diese neu entstandenen Jobs nicht die Arbeitslosenquote unter den Menschen, die durch die Digitalisierung ihrer bisherigen Berufstätigkeit nicht mehr nachgehen können? Auch hier hilft keine vereinfachende Gegenüberstellung der reinen Zahlen. Ein sehr hoher Anteil der nicht mehr benötigten Tätigkeiten rutschte erst in diese Kategorie, weil Maschinen und Algorithmen in der Lage waren, die Aufgaben von Menschen schneller, besser und billiger zu erledigen. Die Fortschritte in der Künstlichen Intelligenz und im Bereich selbstlernfähiger Systeme führen dazu, dass Maschinen immer rentabler sowie zügiger arbeiten und zudem in der Lage sind, auch komplexe Aufgaben zu erledigen. Dementsprechend werden immer weniger Menschen, die auf oder unter dem Niveau von Maschinen arbeiten, auf dem Arbeitsmarkt benötigt.

Ein Teil dieser Menschen kann sicherlich weiterqualifiziert und motiviert werden, die Aufgaben der nächsthöheren Komplexitätsstufe zu erledigen oder Arbeitskräfte auszubilden, anzuleiten und zu führen, die diese Tätigkeitsbereiche abdecken. Ein nicht geringer Anteil der bisherigen Arbeitnehmer lässt sich aber weder motivieren noch weiterbilden. Hier gehen fehlende Bereitschaft, Flexibilität und Fähigkeiten Hand in Hand. Nicht selten herrschen auch Vorbehalte gegen die Aufnahme einer vergleichbaren Tätigkeit in einer ungeliebten Branche oder in einer anderen Region. Dementsprechend steigt mit zunehmender Digitalisierung auch stets der Anteil der Menschen, die nicht direkt in die neu geschaffenen Jobs, Unternehmen und Branchen »hinüberspringen« können. Hier ist hauptsächlich die Politik gefordert, diesen Menschen nicht das Gefühl zu geben,

»überflüssig« zu sein, sondern ihnen eine echte Perspektive zu eröffnen.

Beschäftigen wir uns nun etwas näher mit den verschiedenen Generationen und ihren Prägungen und schauen uns an, inwieweit sie für den aktuellen Fachkräftemangel relevant sind.

Die Baby-Boomer-Lücke

Die Angehörigen der Baby-Boomer-Generation, die zwischen 1955 und 1969 geboren wurden und etwa seit 1990, als sie 20 bis 35 Jahre alt waren, ihre Ideen und ihre Arbeitskraft Wirtschaft und Gesellschaft zur Verfügung stellen, werden im Laufe der nächsten 10 bis 20 Jahre in den Ruhestand gehen – und eine riesige Lücke auf dem Arbeitsmarkt hinterlassen, die ohne drastische Gegenmaßnahmen schwerlich geschlossen werden kann. Bereits der Arbeitskräftereport des Bundesarbeitsministeriums vom November 2011 konstatierte, dass ohne koordiniertes und effektives Gegensteuern in den folgenden 15 Jahren 6 Millionen weniger Arbeitskräfte Unternehmen, Behörden und anderen Arbeitgebern zur Verfügung stehen werden.

Den Verfassern des Arbeitskräftereports war sehr bewusst, dass das Fehlen von Arbeits- beziehungsweise Fachkräften die Erschließung von erheblichen Wachstumspotenzialen verhindert. Sie führten damals im Auftrag von Arbeitsministerin Dr. Ursula von der Leyen aus, dass durch die Erwerbstätigkeits-Mobilisierung (Zuführung von potenziellen Arbeitskräften, die ursprünglich nicht dem ersten Arbeitsmarkt zur Verfügung stehen) von insgesamt 1,2 Millionen Menschen im Zeitraum von 2014 bis 2025 nach Berechnung des Zentrums für Europäische Wirtschaftsforschung (ZEW) ein zusätzliches Wertschöpfungspotenzial von 450 Milliarden Euro eröffnet werden kann. Dieses Volumen entsprach dem damaligen Bruttoinlandsprodukt des Freistaats Bayern.

Den Baby-Boomern wird nicht selten vorgeworfen, veraltete und konservative Positionen zu vertreten und wenig offen für neue und flexiblere Arbeitsmodelle zu sein. Diese überaus bevölkerungsstarke Kohorte hatte sehr früh die Erfahrung gemacht, sich mit einer großen Zahl Gleichaltriger beschäftigen – und sich entsprechend durchsetzen zu müssen, um in der Masse nicht unterzugehen. Der Konkurrenzgedanke und das berufsbezogene Leistungsprinzip fanden unter den Baby-Boomern entsprechend viel Zuspruch und Rückhalt. In der breiten Masse wurden wirtschaftliche Paradigmen nicht hinterfragt und der Fokus auf die Karriere gelegt.

Demgegenüber steht aber auch die Tatsache, dass sich aus den Boomern die erste Punk-Bewegung entwickelte und sie als Schüler in der aufkeimenden Friedens- und Umweltschutzbewegung sehr aktiv waren. Der Baby-Boomer-Generation wird weiterhin nachgesagt, zwischen Extremen hin- und hergerissen zu sein und oftmals sogar sehr unstet zu denken und zu handeln.

Diese Generation wurde nicht mehr beziehungsweise noch nicht als Ganze von übergreifenden Herausforderungen unter Druck gesetzt. Der Zweite Weltkrieg lag als epochales Ereignis zurück, obgleich die Erinnerungen der Elterngeneration noch sehr präsent waren. Der Schock aufgrund der sich global abzeichnenden Folgen der Umweltverschmutzung stand ihnen gerade erst bevor. Die damalige Wirtschaft in Deutschland wurde auf den personellen Ressourcen der Baby-Boomer-Generation aufgebaut – und gibt in dieser Konsequenz auch heute noch die groben Rahmenbedingungen für den Bedarf an Arbeitsplätzen vor.

Die Generation X – zwischen Resignation, Burnout und Altersteilzeit

Welcher Altersgruppe genau die Mitglieder der Bevölkerungskohorte der sogenannten Generation X entsprechen, variiert nach Autor und Ursprungsregion. In den USA wird die Folgegeneration der Baby-Boomer so bezeichnet. Der Autor Douglas Coupland machte mit seinem Roman *Generation X* den Begriff weltweit populär und schuf eine Kategorisierungsmethodik, der wir auch im Rahmen dieses Buches folgen. Gemeinhin werden diejenigen Menschen der Generation X zugeordnet, die zwischen 1965 und 1980 geboren wurden, einige Definitionen engen die Alterskohorte auf die Jahrgänge 1969 bis 1980 ein. Grundsätzlich zeichnen sich die X-ler dadurch aus, dass sie der ersten Generation angehören, die von den Folgen des Zweiten Weltkriegs nicht mal mehr ansatzweise beeinträchtigt wurden und – zumindest in Westdeutschland – seit ihrer Geburt ein Leben in (fragilem) Frieden und relativem Wohlstand führen. Nichtsdestotrotz drückte der Kalte Krieg, die atomare Abschreckung durch Overkill und die Bewusstwerdung der Konsequenzen der Umweltverschmutzung auf die Stimmung und führte vielfach zum Hinterfragen der eigenen privaten und beruflichen Existenz. Obgleich sie in Frieden und Wohlstand aufwuchsen, wurde ihnen schnell klar, dass sie Einbußen an Lebensqualität hinnehmen und auch für die Sünden ihrer Vorgängergenerationen einstehen müssen.

Die von ihren Eltern weitergegebene Leistungsorientierung bekam durch die Erkenntnis, dass es kein unbegrenztes Wachstum geben kann und auch nachhaltige Aspekte eine Rolle spielen, erste Risse. Das war der vorherigen Generation vielfach nicht bewusst – oder oft auch einfach egal. Nichtsdestotrotz wurde aus Mangel an Alternativen und fehlenden gesellschaftlich akzeptierten Vorbildern weitergemacht wie bisher. Diese Scheuklappenmentalität führte nicht selten zu Burn-outs, zu innerer Kündigung aufgrund fehlender Sinnhaftigkeit oder zum Hinarbeiten auf den Vorruhestand oder die Altersteilzeit. Die Aussage »Die paar Jahre noch abreißen und dann endlich das Leben als Rentner genießen!« stellt ein typisches Paradigma der Generation X dar, um nicht auf den letzten Metern aufgeben und die grundsätzlichen Lebensentwürfe infrage stellen zu müssen.

Die Angehörigen dieser Generation stellen aktuell noch einen sehr hohen Anteil der berufstätigen Bevölkerung und reagieren sehr sensibel auf Verschlechterungen ihrer Arbeitsbedingungen. Die X-ler zu motivieren, länger als ihre Eltern zu arbeiten, um den Fachkräftemangel auszugleichen, stellt sich dementsprechend als eine sehr anspruchsvolle Aufgabe dar, deren Erfolgsaussichten noch völlig unklar sind. Entsprechend harsch fallen daher auch die Reaktionen von Vertretern der Generationen X, Y und Z auf Forderungen aus der Baby-Boomer-Kohorte aus, sich zusammenzureißen und die Ärmel hochzukrempeln. Diese Parolen werden vor allem von Unternehmern und Personen erhoben, die »ihren Beitrag geleistet« und »dieses Land mit aufgebaut« haben und »nicht mit ansehen können, wie Faulpelze und Mimosen die Errungenschaften echter Leistungsträger wieder verspielen«. Ob und inwieweit diese reflexhaften Polarisierungen die offenen Fragen des Phänomens Fachkräftemangel beantworten können, sei dahingestellt.

Die Vorstellungen der Generationen Y und Z

Die Millenials werden als Folgegeneration (geboren zwischen den frühen 1980er-Jahren und den späten

1990er-Jahren) konsequenterweise als »Y« bezeichnet. Das Ypsilon wird englisch ausgesprochen und soll durch den ähnlichen Klang wie »why« verdeutlichen, dass sich diese Bevölkerungskohorte vor allem durch das ständige Hinterfragen von Vorgaben, Rahmenbedingungen, Regeln und vermeintlichen Selbstverständlichkeiten auszeichnet.

Die Millenials stellten bereits 2015 ungefähr ein Fünftel der Bevölkerung und gleichzeitig auch der Arbeitskräfte. Den Millenials sind sowohl sinnerfüllende Arbeit als auch ausreichend Freizeit und Sicherheit wichtig. Leider lassen sich diese drei Komponenten nicht immer unter einen Hut bringen. Die Y-ler sind sehr technik- und internetaffin, durchweg gut ausgebildet (überdurchschnittlicher Anteil von Akademikern) und besitzen auch eine hohe Sensibilität für Gleichberechtigung, Antidiskriminierung und soziale Gerechtigkeit. Zwar sind diese Werte auch den vorhergehenden Generationen wichtig, die Millenials und bald auch die Generation Z (geboren zwischen 1997 und 2010) können durch den demografischen Wandel und den sich verschärfenden Fachkräftemangel aber endlich auch den Druck auf die Arbeitgeber aufbauen, um ihren Vorstellungen Nachdruck zu verleihen.

Sie ordnen nicht mehr ihr Leben ihrem Job unter, sondern entscheiden sich eher für einen Wechsel oder Komplett-Ausstieg, bevor sie sich weiter toxischen Arbeitsumgebungen aussetzen. Führungsverantwortung zu übernehmen, bedeutet für diese Generationen nicht mehr, auf Hierarchien zu setzen und mit Geld beziehungsweise anderen Nebenleistungen gelockt zu werden, sondern auf Ermächtigung, Selbstständigkeit, breite Verantwortungsspielräume und einen Vertrauensvorschuss zu bauen. Mit »Vertrauen ist gut, Kontrolle ist besser« können und wollen sie nichts mehr anfangen. Die bei den Y-lern ausgeprägten Vorstellungen verstärken sich entsprechend bei den Z-lern.

Es gibt aber auch Schattenseiten der Generationen Y und Z. Das sehr ausgeprägte Selbstbewusstsein der nach 1980 geborenen Menschen kippt ab und an in Selbstüberschätzung um. Die grundsätzlich fehlende Bereitschaft, unangenehme Rahmenbedingungen zu akzeptieren, spitzt sich – insbesondere in den Augen der X-ler und Baby-Boomer – in mangelndem Durchhaltevermögen und einer vermeintlich erhöhten Tendenz zum Jammern und Kritisieren zu. Ob und wie sich diese Charakteristika dann tatsächlich im privaten und beruflichen Alltag niederschlagen, hängt natürlich von den individuellen Rahmenbedingungen, deren Wahrnehmung und der Persönlichkeit der involvierten Personen ab.

Der demografische Wandel, die Digitalisierung und die sehr unterschiedlichen Vorstellungen und Lebensentwürfe der aktuell noch an der wirtschaftlichen Wertschöpfung beteiligten Menschen führen also zu einer Situation, in der bestehende Strukturen weiterhin eine Nachfrage generieren, die aber von den verfügbaren Personalressourcen immer weniger befriedigt werden kann. Wie lässt sich nun übergreifend und wirksam auf politischer und gesellschaftlicher Ebene gegensteuern?

Die unzureichenden Gegenmaßnahmen der Politik

Was ist seit den Amtszeiten von Dr. Ursula von der Leyen und Andrea Nahles tatsächlich passiert? Welche Herausforderungen wurden konzertiert angegangen und bewältigt?

Im Gegensatz zu den euphorisch formulierten Reports, Maßnahmenkatalogen und Strategien sieht die Bilanz doch ziemlich ernüchternd aus. Schauen wir in die aktuelle Ausgabe der Fachkräftestrategie der Bundesregierung (erschienen im Oktober 2022), wird ein weiterer Zuwachs der Vakanzzeiten in Gesundheits-, Pflege-, Handwerks- und einzelnen technischen Berufen beschrieben. Das Bundesarbeitsministerium prognostiziert für die nächsten 10 bis 20 Jahre eine zunehmende Fachkräfteknappheit in bestimmten Branchen. Um welche es sich handeln könnte, wissen wir bereits. Zwar wurden verschiedene Maßnahmen identifiziert, um bei stagnierendem Bevölkerungsumfang und angesichts von Umwälzungen bei den beruflichen Anforderungen der Wirtschaft die Anzahl der mobilisierbaren Menschen zu erhöhen. Ob diese dann auch die erwarteten Ergebnisse und Erfolge bringen, lässt sich zumindest aktuell nicht bestätigen oder vorhersagen. Um welche Maßnahmen handelt es sich konkret?

Aktivierung der »Stillen Reserve«

Das Bundesarbeitsministerium zählt zur sogenannten Stillen Reserve alle Personen, die aufgrund ihrer schlechten Chancen am Personalmarkt keine Arbeit suchen, sich diese grundsätzlich aber schon wünschen. Es gehören auch Menschen zur Stillen Reserve, die in absehbarer Zeit nicht für den Arbeitsmarkt verfügbar sind. Das Statistische Bundesamt nennt in seinen Erläuterungen zu Arbeitsmarktuntersuchungen hier einen Zeitraum von zwei Wochen. Laut Mikrozensus aus dem Jahr 2010 fallen circa 1,8 Millionen Menschen in Deutschland in diese Kategorie. So weit erst einmal zur rein zahlenmäßigen Identifikation dieses Potenzials.

Tatsächlich bezweifle ich sehr, ob die Aktivierung dieser Ressourcen überhaupt gelingen kann. Hier überdeckt wohl eher der Wunsch die ernüchternde Realität – dies drückt sich bereits in der Namensgebung aus. Als »Reserve« bezeichnet man üblicherweise Personen, Material oder andere Ressourcen, die mit mehr oder weniger überschaubarem Aufwand wirklich reaktiviert oder genutzt werden können. Zur Kategorie der Stillen Reserve werden regelmäßig auch Frauen und ältere Personen gerechnet. Diese Menschen haben in der Regel einen guten Grund dafür, dass sie kurz- oder mittelfristig nicht arbeiten können. Fehlende Mobilität, Hindernisse bei der Vereinbarkeit von Familie und Beruf, Defizite bei der Integration von älteren Arbeitnehmern und andere Ursachen führt bereits der Arbeitskräftereport des Bundesarbeitsministeriums aus dem Jahr 2011 auf. Offensichtlich konnten die diesbezüglichen Rahmenbedingungen im Laufe der letzten elf Jahre nicht wesentlich verbessert werden - ein trauriges und völlig unbefriedigendes Fazit angesichts der stets sehr vollmundigen Versprechen der Politik.

Inwieweit war und ist die Politik in der Lage, effektiv gegenzusteuern?

Wie bereits erwähnt, sieht die diesbezügliche »Erfolgsbilanz« doch recht übersichtlich aus, das geben mittlerweile auch die verantwortlichen Stellen und Entscheidungsträger zu. Hätten alle Maßnahmen wie erwartet gegriffen, würden wir eine prosperierende Wirtschaft erleben, die endlich ihr ganzes Potenzial entfalten könnte. Dank der flächendeckend verfügbaren Spezialisten und Fachkräfte gäbe es keine Defizite im medizinischen und Pflegebereich mehr, die entfesselte Produktivität würde die Steuereinnahmen sprudeln lassen und der Investitionsstau in fast allen Bereichen, die staatlicher/öffentlicher Verantwortung unterstehen, würde sich in Wohlgefallen auflösen. Die harte Realität sieht bekanntermaßen vollkommen anders aus. Welche Ursachen liegen dieser Diskrepanz zugrunde? Im Bereich der Politik, der öffentlichen Verwaltung, der kommunalen Zuständigkeiten, der Aufsichts- und Steuerungshoheit von Berufsverbänden und so weiter kristallisiert sich ein landestypischer und notorischer Bremser heraus: der deutsche Bürokratisierungswahn inklusive verschlimmbesserndem regulatorischen Perfektionismus. Folgende Aspekte wirken wohl schon »seit Kaisers Zeiten« negativ auf die Effektivität der deutschen Bürokratielandschaft ein.

Verkomplizierung aus Tradition und Prinzip

Was ursprünglich wohl aus ehrenvollen Gründen und zum Schutz der Bürger ersonnen wurde, hat sich in Deutschland erstaunlich schnell zum Selbstzweck entwickelt. Es geht in vielen Bereichen nicht mehr darum, ob überhaupt eine staatliche Reglementierung notwendig ist, sondern nur noch um das Ausmaß der Einmischung. Viele Staatsdiener (die den eigentlichen Sinn des Wortes »Diener des Staates« spätestens bei der Verbeamtung aus dem Gedächtnis gestrichen haben) können sich schlicht und einfach nicht vorstellen, wie gewisse Abläufe, Prozesse und Innovationen ohne die Existenz einer zuständigen Behörde inklusive komplexem Zuständigkeits-Wirrwarr beginnen, existieren und sich dynamisch weiterentwickeln können. Daraus resultiert, dass jegliche Initiativen der Bürger (alias »Untertanen«) grundsätzlich darauf abzielen, den Staat zu hintergehen, in die eigene Tasche zu wirtschaften, Schaden zu verursachen und Beamte bloßzustellen. Zugegeben: Ich schreibe gerade ein wenig polemisierend, nicht alle »Staatsdiener« denken und handeln so. Aber jeder Leser kennt sicher mindestens ein Dutzend Beispiele der zugrunde liegenden Einstellung, oder?

Entscheidungen aus dem Elfenbeinturm heraus

Werden dann – auf Basis der politischen Agenda der jeweiligen Amtsinhaber – Entscheidungen getroffen, Vorgaben erstellt und tonnenweise Gesetzestexte produziert, gehen diese in zu vielen Fällen mit schlafwandlerischer Sicherheit an den tatsächlichen Bedürfnissen der Betroffenen, den ernüchternden Rahmenbedingungen der Praxis und den zukünftig zu erwartenden Entwicklungen vorbei. Warum ist dies so? Viele Politiker und Entscheidungsträger in den Ministerien, Verwaltungen, Kommunen und Ausschüssen haben schon lange den Bezug zur Wirklichkeit verloren – oder hatten ihn noch nie. Das hört sich zwar vergleichsweise harsch an, liegt aber in den Abläufen des politischen Systems begründet. Der Weg, den man in politischen Parteien vom Flugzettelverteiler bis zum Bundeskanzler (idealisierend dargestellt) zurücklegen muss, führt immer mehr weg von den An- und Herausforderungen der Praxis über unzählige Kompromisse bis zum ständigen Dauerfeuer der Lobbyisten. Tatsächlich war nur ein erschreckend geringer Anteil der Politiker überhaupt außerhalb des Politik-Mikrokosmos beruflich tätig. Auf der Strecke bleibt dann oft das ungeschönte, aber hilfreiche Feedback »von der Straße«, wenn die aufstrebenden Funktionäre dieses nicht proaktiv und gegen ihre vielfältigen terminlichen Verpflichtungen einholen. Stattdessen übernehmen Berater, Referenten und Lobbyisten die Funktion der Entscheidungsvorbereitung und setzen die getroffenen Kompromisse dann in Gesetze und Vorschriften um. Mit diesen müssen Sie sich dann in Ihrem Praxisalltag ständig auseinandersetzen.

Lähmender Perfektionismus

Überbordender Perfektionismus verhindert gerade in Deutschland, dass sich aus guten Ideen und hehren Absichten dann auch Dynamiken entwickeln, die wirklich Dinge voranbringen und Probleme lösen. Nicht selten wird mit einer vermeintlich notwendigen Detailtiefe und der Berücksichtigung von eigentlich vollkommen banalen Sachverhalten, die aller Wahrscheinlichkeit nach überhaupt nicht ins Gewicht fallen, der »Drive« einer guten Initiative ausgetrocknet und es werden unnötige Kosten verursacht, die wieder der Steuerzahler - also Sie und ich - stemmen muss.

Ich propagiere keine bewusste Schlampigkeit und plädiere natürlich auch nicht für den enorm riskanten Verzicht auf Sorgfalt. Aber wäre unser Zulassungs- und Genehmigungssystem grundsätzlich flexibler, könnte man Erfahrungen aus der Praxis auch noch nachträglich umsetzen oder mit einbeziehen. Ministerien, Referate, Abteilungen und Ausschüsse verbringen stattdessen Monate und Jahre mit der Prüfung und »Verbesserung« von Vorgaben, die bei Inkrafttreten dann nicht selten schon wieder vollkommen überholt sind. Der Prozess beginnt dann wieder von vorne und so weiter und so weiter ...

Digitalisierung? Fehlanzeige!

Der oben erläuterte übertriebene Perfektionismus führt dann auch dazu, dass Deutschland im Digitalisierungsvergleich der staatlichen Institutionen europäischer Länder regelmäßig auf einem der hinteren Plätze landet. Kann man in anderen Ländern unzählige Vorgänge und auch höchst vertrauliche Verfahren unkompliziert mit dem eigenen Smartphone erledigen, tobt in deutschen Amtsstuben immer noch unbarmherzig und ressourcenverschlingend der Papierkrieg. Die Politik startet regelmäßig und mit viel Tamtam Digitalisierungsinitiativen für den deutschen Mittelstand als vermeintliches Virtualisierungs-Sorgenkind Nummer eins, vergisst dabei aber genauso regelmäßig, dass in Behörden, Zulassungsstellen, Ministerien, Universitäten, Schulen und anderen Institutionen unter staatlicher Verantwortung sich über Jahre und Jahrzehnte ein erschreckender Investitions- und Weiterbildungsstau angesammelt hat. Dieser müsste erst einmal beseitigt werden, bevor der mahnende Finger in Richtung Wirtschaft – inklusive Medizinbranche und Ärzteschaft – ausgestreckt wird.

Die aufzuholenden Generationen im Bereich EDV- beziehungsweise IT-Ausstattung scheinen – überspitzt ausgedrückt – bis in die Ära der Lochkarten-Rechner zurückzureichen. In Behörden werden E-Mail-Anhänge erst ausgedruckt, dann gefaxt und wieder eingescannt, um archiviert werden zu können, in Schulen stehen immer noch Overhead-Projektoren aus den 1980er-Jahren herum, Gymnasien in Großstädten freuen sich, wenn sie ausgemusterte Laptops vom Zoll (natürlich ohne Festplatten) übernehmen können. Die notwendigen HDDs werden dann vom Schulverein über die Beiträge der Eltern bezahlt, da die Schulbehörde keinen Etat dafür hat.

Beim Digitalisierungsdefizit arbeiten sich Ignoranz, Praxisferne, »Das haben wir schon immer so gemacht«-Mentalität und chronischer Geldmangel gegenseitig in die Hände. Infolgedessen perlen die gut gemeinten Initiativen der jeweils amtierenden politischen Entscheidungsträger an der harten Realität fast vollständig ab. Bevor in den Behörden die entsprechenden Voraussetzungen geschaffen werden können, rollt bereits die nächste »Fachkräftestrategie« der Nachfolger durch die Republik und über die Aktenstapel der chronisch überarbeiteten und denkbar schlecht ausgestatteten Sachbearbeiter. Was übrig bleibt, sind nicht selten Flickenteppiche von Reformen und Reformen-Reformen, nicht vollständig umgesetzte Software- und Hardware-Investitionen, sich gegenseitig blockierende Prozessabläufe verschiedener Epochen, sich überschneidende oder fehlende Zuständigkeiten. Vor diesem Hintergrund sind keine wirklich wirksamen Gegenmaßnahmen auf politischer Ebene zu erwarten. Leidtragende sind die Unternehmen und Personalverantwortlichen, die sich wohl oder übel selbst um motivierten, qualifizierten und in absehbarer Zeit verfügbaren Fachkräftenachwuchs kümmern müssen.

Wie unschwer an meinen leicht polemischen Ausführungen bezüglich der politischen und gesellschaftlichen Ursachen, Rahmenbedingungen, Entwicklungen und vermeintlichen Gegenmaßnahmen zu erkennen ist, habe ich mittlerweile die Hoffnung aufgegeben, dass in absehbarer Zeit konkrete und effektive Initiativen aus dieser Richtung zu erwarten sind. Das Problem des sich zuspitzenden Fachkräftemangels wandert also weiter auf die Ebene der Unternehmen.

Welche Verantwortung tragen Branchen und Unternehmen selbst?

Neben den beschriebenen demografischen Ursachen und den Versäumnissen von Politik und öffentlicher Verwaltung tragen natürlich auch die Protagonisten der Wirtschaft eine gewisse Mitverantwortung für die stetig weiter eskalierende Lage auf dem Arbeitsmarkt. An vielen Unternehmen ist der Wechsel vom Arbeitgeber- zum Arbeitnehmermarkt schlicht und ergreifend für eine zu lange Zeit vollkommen unbemerkt vorbeigegangen. Dieser äußerst relevante und erfolgskritische Faktor für die Erreichung der eigenen Umsatz- und Wachstumsziele rutschte nicht selten unter dem Radar der Personalverantwortlichen durch, weil man sich entweder in einer grundsätzlich attraktiven Branche wähnte oder sich die Rahmenbedingungen im Unternehmen – bewusst oder unbewusst – positiv auf die Bewerbersituation auswirkten. Entsprechend wenig wurde getan, um die Anziehungskraft des eigenen Unternehmens für Bewerber zu erhöhen oder eine Recruiting-Strategie zu entwerfen und zu etablieren.

Nichts kann notwendige Innovationen länger und nachhaltiger aufhalten als zufällig günstige Umstände, die sich im Laufe der Zeit minimal verschlechtern. Man wähnt sich aus eigenem Verdienst im Paradies, weiß aber eigentlich nicht viel über die Gründe des (noch) zugrunde liegenden Wettbewerbsvorteils. Bekommen dann sowohl innerhalb als auch außerhalb der eigenen Branche andere Unternehmen die sich verschärfenden Rahmenbedingungen frühzeitiger zu spüren, können diese dann auch die erforderlichen Veränderungen und Neuausrichtungen konzipieren, initiieren und realisieren. Die Betriebe hingegen, die sich für ewig im »Auenland« wähnen, bemerken das Problem oftmals erst, wenn es bereits zu spät ist, und stehen dann im schlimmsten Fall direkt mit dem Rücken zur Wand. Gegenmaßnahmen werden aus dem Boden gestampft, mit der heißen Nadel zusammengenäht und in den »War of Talents« geschickt. Entsprechend wenig Wirkung können sie dann noch erzielen. Dieser existenzgefährdenden Situation kann man nur entgegenwirken, wenn man sorgfältig darauf achtet, dass sich keine gefährliche Selbstzufriedenheit im Unternehmen ausbreitet, der Draht zur Realität nicht bricht und passende Frühwarnsysteme etabliert werden.

Warum trifft der Fachkräftemangel gerade die Gesundheitsbranche so hart?

Die oben beschriebenen Punkte treffen grundsätzlich auch auf die Gesundheitsbranche zu. Denn natürlich sind mittlerweile alle Einrichtungen, die sich mit der Gesundheit der Bevölkerung befassen, Unternehmen, die nach wirtschaftlichen Kriterien geführt werden. Die Berufe in der Pflege, in medizinischen Einrichtungen, in Kliniken, Laboren und in Dental-, Facharzt- und Allgemeinmedizinpraxen weisen jedoch noch einige besondere Eigenschaften auf, die in ihrer Kombination den Fachkräftemangel in diesem Bereich besonders verschärfen. Schauen wir uns zur Verdeutlichung der allgemeinen Rahmenbedingungen einmal diese Faktoren an, bevor wir uns im nächsten Kapitel mit der aktuellen Zuspitzung bei den niedergelassenen Zahnärzten, Fachärzten und Allgemeinärzten befassen.

Kaum eine oder gar keine Möglichkeit, im Homeoffice zu arbeiten

In welcher luxuriösen Lage sich viele Büromitarbeiter, Sachbearbeiter und Führungskräfte im Vergleich zu den Beschäftigten der Gesundheitsbranche befanden und befinden, wurde im Zuge der ersten harten Lockdowns erst so richtig klar. Während eine Vielzahl von Kreations-, Service-, Verwaltungs-, Organisations- und Transaktionsaufgaben problemlos von zu Hause oder jedem anderen Ort der Erde mit vernünftiger Internetanbindung erledigt werden kann, mussten Mitarbeiter im Gesundheitsbereich (und natürlich auch in manchen anderen Branchen) weiter vor Ort tätig sein. Dementsprechend schoss die Ansteckungsrate unter den in diesem Sektor Beschäftigten zu Beginn der Covid-19-Pandemie überproportional in die Höhe. Die Option, nicht jeden Tag ins Büro gehen zu müssen, etablierte sich nach den pandemiebedingten Kontakt- und Mobilitätseinschränkungen als beliebter und akzeptierter Teil der modernen Arbeitswelt, kam aber den Betroffenen in der Gesundheitsbranche kaum zugute.

Hohe Verantwortung, große Sorgfaltspflicht

Weitere Aspekte, die den Fachkräftemangel im Gesundheitsbereich in die Höhe treiben, sind die hohe Verantwortung für die Patienten und die große Sorgfaltspflicht im Umgang mit Arzneien und medizinischen Artikeln. Scannt im Einzelhandel ein Mitarbeiter einen falschen Barcode ein, entsteht maximal ein finanzieller Schaden. Verwechselt eine Medizinische Fachangestellte (MFA) eine Arznei, vertippt sich bei der Dosierung oder setzt die falsche Injektion, steht sofort die körperliche Unversehrtheit von Patienten – oder sogar deren Leben auf dem Spiel. Viele Menschen, die grundsätzlich Freude am Umgang mit anderen Menschen haben und ihnen auch gerne helfen möchten, scheuen sich davor, jeden Tag, jede Stunde, jede Minute mit voller Aufmerksamkeit und höchster Konzentration zu arbeiten.

Technisch und prozessual anspruchsvolle Tätigkeiten

Aber nicht nur der sorgfältige und aufmerksame Umgang mit hochwirksamen und potenziell lebensgefährlichen Substanzen stellt hohe Ansprüche an die Beschäftigten in den Praxen, auch das souveräne Bedienen von hochpreisiger Medizintechnik und das Beherrschen von komplizierten Prozessen und Tätigkeiten verlangt den Mitarbeitern Höchstleistungen ab.

Die Anschaffung beziehungsweise das Abbezahlen von sehr investitionsintensiver Spezialtechnik setzt Inhaber von Einzelpraxen oder Partner von Praxisgemeinschaften erfahrungsgemäß unter ständigen finanziellen Druck. Bevor auch nur 1 Euro aus dem Umsatz an die Inhaber oder die Mitarbeiter fließen kann, müssen Zigtausende Euro zur Kredittilgung erwirtschaftet werden. Gehen diese wertvollen Anlagen dann aufgrund eines völlig unnötigen Bedienungsfehlers komplett zu Bruch oder fallen längere Zeit wegen aufwendiger und teurer Reparaturen aus, können sich für die gesamte Praxis schnell existenzgefährdende Situationen entwickeln. Wer gut versichert ist, kommt vielleicht mit einem blauen Auge davon, wenn die Schadensregulierung aber aus unterschiedlichsten Gründen abgelehnt wird, stellen Regressforderungen an die verantwortliche Person in den allermeisten Fällen auch keine probate Lösung dar.

Vergleichsweise geringes Automatisierungspotenzial

Obgleich die Digitalisierung in den Facharzt- und Allgemeinarztpraxen Einzug gehalten hat, erfordert die professionelle und wirksame Beschäftigung mit den individuellen Beschwerden und körperlichen Merkmalen der Menschen stets Maß- und Handarbeit. Natürlich profitieren Dentalmediziner von einem DVT-Röntgengerät, das ihnen bei der Abformung viel Arbeit abnimmt und die Präzision erhöht. Weitergehende Automatisierungsmöglichkeiten ergeben sich in diesem Bereich aber eher nicht. Nicht zuletzt darf den Patienten auch nicht der Eindruck vermittelt werden, dass sie – überspitzt ausgedrückt – wie am Fließband von Medizinrobotern abgefertigt werden.

Umgang mit Menschen in Ausnahmesituationen/ unter Stress/mit Schmerzen

Wer mit den bisher aufgeführten Rahmenbedingungen keine Probleme hat, wirft aber vielleicht doch früher oder später das Handtuch, weil er die psychischen Belastungen des Praxisalltags unterschätzt hat. Die tägliche Beschäftigung mit der gesamten Bandbreite menschlichen Leidens, der souveräne und deeskalierende Umgang mit Menschen, die durch Schmerzen oder andere Faktoren vollkommen neben sich stehen, erfordert einen starken Charakter, hohe Resilienz und viel Idealismus.

Medizinische Fachangestellte haben ihren Beruf gewählt, um Menschen zu helfen. Sie haben dafür viel auf sich genommen, zahlreiche Hindernisse überwunden, intellektuelle und körperliche Herausforderungen bewältigt. Angehende Medizinische Fachangestellte sind sich dieser Anforderungen nicht immer bewusst, wenn sie sich direkt nach der Schule für diese Branche entscheiden. Dementsprechend steigt die Quote der in der Gesundheitsbranche beschäftigten Menschen, die sich schon nach relativ kurzer Zeit für einen kompletten Berufswechsel entscheiden, seit Jahren kontinuierlich an.

Einige der aufgeführten Aspekte finden sich auch in anderen Wirtschafts- oder Gesellschaftsbereichen. Nichtsdestotrotz führt das Zusammentreffen sowie das gegenseitige Hochschaukeln dieser Faktoren doch zu einem negativen Alleinstellungsmerkmal der Gesundheitsbranche.

So weit zur Einleitung, begeben wir uns nun im ersten Kapitel in die Ursachenforschung im Bereich der Zahnarzt-, Facharzt- und Allgemeinarztpraxen.

Kapitel 1

DER FACHKRÄFTEMANGEL IN ARZT-, ZAHNARZT- UND FACHARZTPRAXEN

Wie konnte es überhaupt so weit kommen?

Blicken wir mit den Erkenntnissen aus der Einleitung nun noch einmal eine halbe Dekade zurück – fünf Jahre sind ein übersichtlicher Zeitraum, der dennoch ausreichend Potenzial zur politischen und gesellschaftlichen Kursänderung bietet: Noch im August 2017 stellte die Online-Ausgabe des *Deutschen Ärzteblatts* fest, dass insbesondere in technischen, Gesundheits- und Pflegeberufen akademische und nichtakademische Fachkräfte knapp sind. Diese Schlussfolgerung zogen die Fachredakteure aus dem Fortschrittsbericht 2017 des Bundesarbeitsministeriums, mit dem sich am Erscheinungstag des Artikels das damalige Bundeskabinett beschäftigen sollte.

In unserer täglichen Beratungspraxis haben wir – neben dieser Meta-Perspektive – bereits seit fünf bis zehn Jahren eine schleichende Veränderung vom Arbeitgeber- zum Arbeitnehmermarkt feststellen können. Dabei waren die Indizien zuerst in größeren Praxen zu beobachten, da dort aufgrund der umfangreicheren Strukturen auch schon systembedingt die Fluktuationsrate höher liegt. Gründe hierfür sind zum einen die höhere Wahrscheinlichkeit von Schwangerschaften, da sich immer noch die absolute Mehrheit der Medizinischen Fachangestellten aus dem weiblichen Teil der Bevölkerung rekrutiert. Gleichzeitig wächst der Frauenanteil insbesondere bei Zahnärzten, Ärzten und Fachärzten stetig an. Mittlerweile sind zwei Drittel der Studienanfänger an medizinischen Fakultäten Frauen, bereits 2014 stellten Zahnärztinnen 64 Prozent der in Praxen angestellten Dentalmediziner. Tatsächlich fordert der Freie Verband Deutscher Zahnärzte laut der *Ärzte Zeitung* schon seit 2015 eine explizite »Männerquote« für das Zahnmedizinstudium. Zum anderen fallen in größeren Praxen prozentual mehr Mitarbeiter aus anderen Gründen aus, da mehr Kollegen zur Kompensation bereitstehen und entsprechend weniger das schlechte Gewissen drückt. Denn je größer die Belegschaft ist, desto einfacher ist es, die eigene Verantwortung herunterzureden. Es sind ja genug andere Kollegen da, die einspringen können. Dies funktioniert nicht bei Praxen mit wenigen Mitarbeitern.

In kleineren Belegschaften bemerken wir den Wechsel hin zum Arbeitnehmermarkt verstärkt seit zwei bis fünf Jahren, da es den Praxisinhabern zunehmend schwerfällt, Nachwuchs oder Ersatz zu rekrutieren. Findet sich mit Glück und/oder durch Zufall dann ein Kandidat, müssen regelmäßig mehr Kompromisse eingegangen werden (die negativen Konsequenzen beschreibe ich später), nichtsdestotrotz verschlechtert sich die Passgenauigkeit bezüglich der bestehenden Belegschaft und der Erwartungen der Praxisleitung. Verstärkt wird diese Entwicklung durch die Tatsache, dass immer mehr Praxen bereits die Zeichen der Zeit erkannt haben und dazu übergehen, aktiv Personalmarketing zu betreiben. Wer sich also schon länger mit dem

Thema strategische Mitarbeitergewinnung und -bindung beschäftigt, kann auf einen entsprechenden Erfahrungsschatz zugreifen, hat seine dazugehörigen Prozesse optimiert und profitiert von motivierteren und qualifizierteren Mitarbeitern. Nichtsdestotrotz ist es noch lange nicht zu spät, in der eigenen Praxis die notwendigen Weichen zu stellen.

Auf welche Punkte es dabei ankommt, in welche Richtung man sein Denken und Handeln ausrichten muss, beschreibe ich in den folgenden Kapiteln. Richten wir unseren Blick aber wieder auf die allgemeinen Rahmenbedingungen und fragen: Was ist seitdem passiert? Außer Lohnerhöhungen und einmaligen, staatlich finanzierten Corona-Boni in bestimmten Bereichen substanziell wenig. Im Gegenteil hat sich die Lage trotz vollmundiger Ankündigungen der politischen Verantwortlichen eher verschlechtert. Diese Entwicklung ist natürlich auch den besonderen Herausforderungen der Corona-Pandemie und den extremen Belastungen für das gesamte medizinische Personal geschuldet. Nichtsdestotrotz wurden zwischen 2017 und 2020, dem ersten Corona-Jahr, kaum nennenswerte Maßnahmen angeschoben, um die Situation wirklich umfassend und nachhaltig zu ändern. Die im Folgenden beschriebenen Faktoren führten und führen immer noch dazu, dass die verfügbaren Jobs in Arzt- und Facharztpraxen für Berufsanfänger und Umsteiger so wenig Anknüpfungspunkte bieten.

Kaum Unterstützung durch Kammern und Politik

Zahnarzt-, Allgemeinarzt- und Facharztpraxen klagen zunehmend über die fehlende Unterstützung durch die zuständigen Ärztekammern, insbesondere nach Inkrafttreten der neuen Ausbildungsverordnung vom 1. August 2006, die den Wechsel vom Beruf des Arzthelfers zum Medizinischen Fachangestellten darstellte. Die Komplexität des Berufsbildes nahm zu, während im gleichen Atemzug die jeweiligen Ausbildungsinhalte nicht mehr so detailliert beschrieben, sondern nur noch die zu erreichenden Ziele festgelegt wurden. Missverständnisse und Defizite waren dadurch vorprogrammiert. Die fehlende politische Lobby für die MFAs führte weiterhin dazu, dass Medizinischen Fachangestellten und Mitarbeitenden im Rettungsdienst nicht der staatliche Corona-Bonus zuteilwurde, sondern diese nur Anspruch auf Steuererleichterungen bei Bonuszahlungen der Arbeitgeber erhielten. Auf diese Weise wurde die finanzielle Last der Anerkennung der besonderen Leistungen wieder den Praxen zugeschoben, die bereits durch rapide steigende Kosten belastet werden, während die notwendigen Erstattungshöhenanpassungen durch die Krankenkassen damit nicht Schritt halten (zum Beispiel gibt es eine Stagnation bei den Gebührenordnungen GOÄ und GOZ).

Niemand will die Verdienste der Mitarbeitenden in der Pflege und in Kliniken während der sehr anspruchsvollen Corona-Zeit schmälern. Nichtsdestotrotz haben aber auch die Teams von Ärzten, Zahnärzten und Fachärzten außerhalb von Kliniken und Pflegeeinrichtungen zwischen dem Ausbruch der Covid-19-Pandemie und der weitestgehenden Rückkehr zu den Vor-Corona-Zeiten schier Übermenschliches geleistet, sich um die verunsicherten Patienten gekümmert und ihre Gesundheit immer wieder für sie aufs Spiel gesetzt, wenn es an probater Schutzausrüstung mangelte. Nicht umsonst kletterte zu Beginn der Corona-Pandemie die Ansteckungsrate unter den Belegschaften niedergelassener Mediziner rasant in die Höhe. Dieses Engagement wurde bis heute nicht angemessen honoriert.

Trotz Rekordzahlen bei Ausbildungsverträgen steigt der Wunsch nach einem Berufswechsel

Im Februar 2022 vermeldete das *Deutsche Ärzteblatt* einen Rekord: Zum ersten Mal schaffte es die Ausbildung zur Medizinischen Fachangestellten bei jungen Frauen auf Rang 1 der beliebtesten Ausbildungsberufe. Nach Informationen der Redaktion vermeldete das Bundesinstitut für Berufsbildung, dass 2021 über 17.150 MFA-Ausbildungsverträge abgeschlossen wurden.

Diese grundsätzlich positive Entwicklung trübt sich aber wieder ein, wenn man ihr eine Meldung aus *Arzt & Wirtschaft* vom März 2022 gegenüberstellt. Das Fachmagazin wertete eine Umfrage des Verbandes medizinischer Fachberufe e.V. aus, nach der 46 Prozent der mehr als 3.900 befragten MFAs während des vergangenen Jahres mehrmals im Monat darüber nachdachten, den Beruf zu wechseln. Alarmierend ist die Tatsache, dass es in dieser Umfrage nicht um einen Wechsel des Arbeitgebers, sondern um einen Komplettausstieg aus der Tätigkeit als MFA geht. Einer der genannten Gründe: der im Vergleich zur Pflegebranche niedrigere Mindestlohn. (Inwieweit hier Praxisinhaber angesichts des stetig zunehmenden Kostendrucks überhaupt noch nachsteuern können, wird im weiteren Verlauf noch ausführlicher diskutiert.)

Mindestens ebenso wichtig war den befragten MFAs aber, dass die Wertschätzung und Wahrnehmung in Politik und Gesellschaft grundsätzlich abnimmt – und im Zusammenhang mit der Corona-Pandemie sogar überproportional zurückging. Vielen MFAs ist noch schmerzlich in Erinnerung, dass sie von überforderten Patienten nicht selten persönlich für die Infektionsschutzmaßnahmen während der Inzidenz-Spitzenzeiten verantwortlich gemacht wurden. 2017 lag der Anteil der MFAs, die über einen Berufswechsel nachdachten, noch bei 22 Prozent.

Steigende Kosten bei stagnierendem/sinkendem Einnahmepotenzial

Um neue Mitarbeiter einzustellen und/oder die Leistungen des Bestandspersonals auch finanziell würdigen zu können, benötigen betroffene Praxisinhaber überhaupt erst einmal ein für diesen Zweck verfügbares Budget. Tatsächlich eröffnet sich hier immer öfter ein echter Teufelskreis: Durch exorbitant ansteigende Kosten in allen Bereichen reduzieren sich die – bei voller Besetzung aller aktuellen Stellen – möglichen Margen. Insbesondere Zahnärzten kommt diese Aufwärtsspirale sehr bekannt vor: Die Materialien werden gefühlt täglich teurer, die mit einer notwendigen Digitalisierung einhergehenden Investitionen lassen die Einkünfte ebenfalls spürbar zusammenschmelzen. Auf der anderen Seite wurde die GOZ seit Jahrzehnten nicht den tatsächlichen Herausforderungen des Praxisalltags angepasst. Es klingt wie eine Parodie, ist aber bittere Realität: Die letzte Erhöhung des GOZ-Grundwerts erfolgte noch in Pfennig! Am 1. Januar 1988 wurde er auf stolze 11 Pfennig heraufgesetzt, dieser Betrag entspricht nach dem offiziellen Umtauschwert zur Einführung des Euros 5,62 Cent. Weder wurde seitdem die Inflation ausgeglichen noch anderen Kostentreibern entgegengearbeitet.

Etliche Praxen verfügen zudem bereits seit längerer Zeit über eine Personalunterdeckung und können das Umsatzpotenzial ihrer bereits vorhandenen räumlichen und technischen Ausstattung nicht einmal ansatzweise ausschöpfen – entsprechend niedrig liegen dann die aktuellen Umsätze, vielleicht zehren die Verantwortlichen sogar schon länger von ihren Reserven. Die Möglichkeit zur aktiven Rücklagenbildung bei Arzt-, Zahnarzt- und Facharztpraxen hat sich meiner Wahrnehmung nach heutzutage deutlich verschlechtert. Sinkende Margen durch die Einschränkungen der GOZ/GOÄ gehören mit zu den Ursachen. Wenn dann auch noch expandiert – oder den verdienten und vertrauensvollen Fachkräften zumindest monetär Anerkennung gezollt – werden soll, erhöht sich der Kapitalbedarf bei gleichzeitig zurückgehenden Einkünften noch weiter. Aus dieser Position heraus sind dann kaum noch probate Handlungsoptionen wählbar.

Als weiteren drastischen Rückschritt und unnötige Erhöhung des finanziellen Drucks sehe ich bei den von mir betreuten Arzt-, Facharzt- und Zahnarztpraxen die Auswirkungen der GKV-Finanzreform. Der erste Entwurf vom Juli 2022 rief umfassenden Protest unter den betroffenen Medizinern hervor. Die Nachbesserungen des schließlich am 20. Oktober 2022 verabschiedeten GKV-Finanzstabilisierungsgesetzes (GKV-FinStG) gingen der Kassenärztlichen Bundesvereinigung laut einem Statement des Vorstandsvorsitzenden Andreas Gassen in der Online-Ausgabe des *Ärzteblatts* nicht weit genug und wurden als »Tropfen auf den heißen Stein« tituliert.

Wird hier nicht effektiv zum Wohle der Patienten gegengesteuert, stehen noch mehr niedergelassene Ärzte, Fachärzte und Zahnärzte mit dem Rücken zur Wand. Den resultierenden Teufelskreis durchbricht man unter anderem aber auch dadurch, dass man eine strukturierte, wirkungsvolle und kostenoptimierte Recruiting-Strategie aufsetzt und konsequent verfolgt – dazu später mehr.

Veränderte Erwartungshaltung und Arbeitseinstellung bei Auszubildenden

Wie bereits erwähnt, starten Angehörige der Generation Z (geboren zwischen 1997 und 2010), die jetzt ihre Ausbildung beginnen, mit einer ganz anderen Erwartungshaltung ins Berufsleben als ihre Vorgänger. Im Gegensatz zu ihren Eltern, die nach ihrer Schulzeit üblicherweise auf Arbeitgeber trafen, die sich aus einer großen Masse von Bewerbern die bezüglich Motivation, Arbeitseinstellung, Noten/Allgemeinbildung und sozialen Kompetenzen vielversprechendsten Nachwuchskräfte heraussuchen konnten, wissen die Z-ler bereits seit geraumer Zeit, dass sie zu einer sehr gefragten Alterskohorte gehören. Waren für die Generation X (und zum Teil auch noch für die Generation Y) gute Noten und absolvierte Praktika ausschlaggebend, um selbst bei Stellenausschreibungen und Ausbildungsangeboten für weniger beliebte Jobs überhaupt die nächste Runde erreichen zu können, fallen diese Kriterien mittlerweile fast kaum noch ins Gewicht (inwieweit andere Kompetenzen tatsächlich mehr über die Eignung für medizinische Berufe aussagen, diskutieren wir im weiteren Verlauf dieses Buches). Suchten zahlreiche (Fach) Abiturienten vor 15 bis 25 Jahren noch händeringend nach Optionen, die Wartezeit bis zum Erreichen des Numerus clausus für das favorisierte Studienfach möglichst Lebenslauf-kompatibel zu überbrücken, bieten nicht wenige Unternehmen Schulabsolventen mit (Fach-) Hochschulreife inzwischen attraktive Möglichkeiten an, Ausbildung/Berufsstart und Studium verbinden zu können – wenn ein Numerus clausus überhaupt noch erforderlich ist. Diese Optionen ersetzen nicht das deutsche Erfolgsmodell des dualen Studiums, sondern ergänzen es vielmehr und schließen etwaige Lücken, die sich aus individuell ungünstigen Konstellationen ergeben können.

Dieser Switch vom Arbeitgebermarkt zum Arbeitnehmermarkt hat natürlich entsprechende Konsequenzen im Alltag: Viele Praxisinhaber und Verantwortliche für die Auszubildendenbetreuung beklagen sich zunehmend über renitente Azubis, die selbst einfachste Aufgabenstellungen langwierig hinterfragen oder direkt ablehnen, vor Patienten unangemessene Kommentare abgeben sowie durch viele Krankheitstage, Unpünktlichkeit und schlechte Vorbereitung negativ auffallen. Sobald dann verhalten Kritik geübt wird, kippen viele Azubis direkt das Kind mit dem Bade aus und legen umfassend dar, dass sie keine Befehlsempfänger seien, nicht nur für die Arbeit leben und sich auch von Beginn an konstruktiv einbringen und entsprechend Verantwortung übernehmen wollen. Im Zweifel lässt man es dann darauf beruhen, um sich nicht wieder auf die anstrengende Suche nach neuen Nachwuchskräften begeben zu müssen. Dieses Stillhalten und Nachgeben bringt aber einen Teufelskreis in Gang, der früher oder später dazu führt, dass toxisches Personal die Oberhand erhält und die verbleibenden Leistungsträger nacheinander oder geschlossen das Weite suchen.

Inwieweit sich eine toxisch aufgeladene Belegschaft zu einem fast unüberwindlichen Hindernis für die Neuausrichtung einer Dental-, Facharzt- oder Allgemeinmedizin-Praxis entwickeln kann, erfahren Sie unter den Punkten »Bestehende unsichtbare Hierarchien«, »Grundsätzliche Stimmung in der Praxis« und »Ungerechte Arbeitsverteilung«. Wie Praxisleitung und Führungsverantwortliche vorbeugen und gegensteuern können, lege ich in Kapitel 2 dar.

Senkung der Qualitätsstandards im Recruiting-Prozess

Die oben beschriebenen Ursachen verstärken sich mittlerweile gegenseitig und führen bereits bei vielen Arzt-, Zahnarzt- und Facharztpraxen zu existenzgefährdenden Situationen. Dementsprechend denken viele Verantwortliche: »Wer mit dem Rücken zur Wand steht, kann es sich nicht leisten, wählerisch zu sein!« und greifen zu, wenn sich eine Gelegenheit bietet. Leider entpuppen sich trotz guten ersten Eindrucks viele Neueinstellungen als echte »Kuckuckseier«, die im schlimmsten Fall mehr Schaden anrichten können als eine komplett unbesetzt bleibende Position. Anstatt die Ansprüche immer weiter nach unten zu schrauben und ohne abgestimmte Vorgehensweise oder Plan stets wieder bei null zu beginnen, sollte eine Recruiting-Strategie erstellt und die Qualitätskriterien verschärft werden. Andernfalls lässt sich die drohende Abwärtsspirale nicht aufhalten.

Wie eine probate Recruiting-Strategie aussehen kann, auf welche Aspekte Sie bei der Neubesetzung von Positionen oder der Aufstockung Ihrer Belegschaft achten sollten – und welche Punkte Sie problemlos unter den Tisch fallen lassen können, erfahren Sie natürlich im weiteren Verlauf dieses Buches. Nun sollten wir aber die wichtige Grundlagenarbeit abschließen und uns weiter mit den Ursachen beschäftigen.

Unzureichende Betreuung und Einarbeitung von Berufsanfängern und neuen Mitarbeitern

Ein weiterer ausschlaggebender Misserfolgs-Faktor, der natürlich nicht nur im medizinischen Bereich, sondern auch in anderen Branchen zum Tragen kommt, ergibt sich aus einem fehlenden oder unvollständigen Einarbeitungsprozess (Onboarding). Selbst wenn man beim Suchen, Auswählen und Anwerben neuer Mitarbeiter alles richtig gemacht und dann auch noch die passenden Persönlichkeiten erwischt hat, entscheiden die folgenden Wochen und Monate darüber, ob die vielversprechende Fachkraft sich wohlfühlt und länger bleibt. Die destruktiven Alternativen:

1. Die Nachwuchskraft kündigt von sich aus, bevor die Hälfte der Probezeit abgelaufen ist. Im besten Fall er-

halten die Personalverantwortlichen ehrliches Feedback zu den Gründen, im schlechtesten Fall werden irgendwelche Plattitüden vorgebracht und beide Seiten sind froh, sich nicht weiter mit der unangenehmen Situation auseinandersetzen zu müssen.

2. Der neue Mitarbeiter ist zwar unzufrieden mit der Situation, bleibt aber aus Bequemlichkeit oder anderen Gründen weiter beschäftigt. Während der Probezeit wird noch ein wenig Gas gegeben, um der Praxisleitung keine Gründe für eine Kündigung zu geben. Danach schleicht sich aber eine Abtauch-Mentalität ein, Unauffälligkeit steht im Vordergrund des Handelns, Missstände werden stillschweigend hingenommen und keine Ideen eingebracht, um die altgedienten Kollegen nicht zu verärgern.

3. Alles läuft so weit super, bis es zur ersten ernsthaften Auseinandersetzung mit der Belegschaft kommt und sich die neue Fachkraft dem unflexiblen Status quo der Praxis unterordnet. Die langfristigen Folgen sind genau dieselben wie die der destruktiven Alternative 2.

Bestehende unsichtbare Hierarchien

Kommen neue Mitarbeiter in ein altgedientes Team, schauen sie sich üblicherweise erst einmal die vorhandenen Strukturen an, nehmen die Verbindungen zwischen den einzelnen Teammitgliedern wahr, registrieren umgehend und intuitiv ungeschriebene Gesetze, Schieflagen, Spannungen und Hierarchien, die entweder in Stein gemeißelt erscheinen oder mehr oder weniger zur Disposition stehen.

Handelt es sich um eine eher toxisch aufgeladene Belegschaft, werden die heimlichen Herrscher den Neuzugängen schnell und unmissverständlich klarmachen, wer das Sagen hat, wo der Hammer hängt und mit wem man es sich lieber nicht verscherzen sollte. Diesbezüglich unterscheidet sich ein Praxisteam im Dental-, Allgemeinmedizin- und Facharzt-Bereich nicht von anderen generisch zusammengestellten oder gewachsenen Gruppen in Unternehmen, Behörden, Bildungsinstitutionen oder Vereinen.

Den Praxisinhabern und ihren vertrauensvollen Führungskräften obliegt es einerseits, zu verhindern, dass sich die frisch eingestellten, hochmotivierten, zuversichtlichen oder sogar euphorischen Fachkräfte an den unsichtbaren Mauern blutige Köpfe holen, in die Mittelmäßigkeit abrutschen oder sich gar von potenziellen Beschleunigern zu Bremsern entwickeln. Andererseits sollten sie schon von Beginn an dafür gesorgt haben, dass sich die tatsächlichen Machtstrukturen nicht von den »offiziellen« unterscheiden. Wesentliche Aspekte in diesem Zusammenhang sind:

- Führung durch Vorleben der erforderlichen Prozesse und über prinzipielles Vertrauen statt grundsätzlichem Misstrauen,

- Förderung von Selbstverantwortung und unternehmerischem Denken, Etablierung einer echten Fehlerkultur (Weiterentwicklung durch unvermeidliche Fehler statt überzogener Sanktionierung und Postulieren eines unrealistischen Perfektionismus – auch und gerade angesichts der hohen Sorgfaltspflichten im medizinischen Bereich) und

- Vermittlung eines produktiven Arbeitsstolzes.

Auf diese erfolgskritischen Punkte gehe ich im nachfolgenden Kapitel noch sehr detailliert ein.

Grundsätzliche Stimmung in der Praxis

Wie nehmen Sie die allgemeine Stimmungslage in Ihrer Praxis wahr? Wird gerne gelächelt, gescherzt oder gelacht - auch wenn Patienten, Führungskräfte, Praxisleitung, Dienstleister und Lieferanten anwesend sind? Ändert sich die Stimmung Ihrer Mitarbeiter, wenn Sie oder bestimmte Kollegen Ihres Teams dazukommen? Tauschen Ihre Fachkräfte vielsagende Blicke aus, wenn Sie vermeintlich nicht hinsehen? Gibt es Phasen unangenehmer Stille, wenn jemandem ein Fehler passiert? Haben Sie den Eindruck, dass Ihre Mitarbeiter erst kurz überlegen müssen, bevor sie etwas Relevantes zu einem Gespräch beitragen? Oder sprechen sie offen und ohne Vorbehalte sowohl über fachliche als auch über persönliche Themen? Spüren Sie eventuell Häme, Missgunst, Neid, Schadenfreude oder sogar offenen Hass?

Zugegeben: Dies sind eine Menge Fragen, nichtsdestotrotz sollten Sie sie ohne langes Nachdenken beantworten können. Tatsächlich ist es viel schwieriger und zeitaufwendiger, eine schlechte in eine gute Grundstimmung zu verwandeln, als andersherum. Dennoch färben beide unmittelbar und nachhaltig auf neue Mitarbeiter ab. Dementsprechend sollten idealerweise die internen Baustellen erledigt und abgeschlossen - beziehungsweise zumindest in Angriff genommen - werden, bevor die Verstärkung durch externe Nachwuchs- und Fachkräfte auf die Agenda kommt.

Ungerechte Arbeitsverteilung

Denken Sie über die Vergrößerung Ihres Praxisteams nach, liegen üblicherweise bereits etliche Anzeichen dafür vor, dass die Arbeitsbelastung der Bestandsbelegschaft auf mehr Schultern als bisher verteilt werden muss. Sie kennen ja die Umstände:

Insbesondere im medizinischen Umfeld sind Überstunden und die Übernahme von Vertretungen oder zusätzlichen Aufgabenbereichen keine Seltenheit und mittlerweile die Regel statt der empfehlenswerten Ausnahme (siehe meine Ausführungen zum Fachkräftemangel im Medizinbereich). Ist die grundsätzliche Stimmung in der Praxis gut (siehe oben), liegt die Resilienz auch auf einem höheren Niveau, die Mitarbeiter haben dann weniger Probleme damit, Arbeitsspitzen, Rush-Hours und andere überdurchschnittliche Belastungen gemeinsam zu bewältigen und abzufedern – auch über längere Zeit. Sorgt aber eine unsichtbare Parallelhierarchie dafür, dass nur wenige Personen die Hauptlast tragen und sich andere einen Lenz machen, sinkt die Stimmung und gleichzeitig auch die Fähigkeit, flexibel und solidarisch auf Belastungsspitzen zu reagieren.

Oft entwickelt sich ein Abrutschen in unfaire Aufgabenverteilungen durch Unaufmerksamkeit und/oder unbeabsichtigtes Darüberhinwegsehen von Praxisleitung und Führungsverantwortlichen, die den ungünstigen Status quo lieber tolerieren als ein Fass aufzumachen und eine Konfrontation mit den Mitarbeitern zu riskieren. Diese Abneigung verstärkt sich dann noch, wenn man es mit Vertretern der Generationen Y und Z zu tun bekommt, die eine Grundsatzdiskussion über die für sie erstrebenswerte Work-Life-Balance anzetteln wollen, anstatt einfach die anstehenden Aufgaben anzunehmen und zu erledigen. Bedenken Sie bitte auch, dass bei fehlendem Gegensteuern sich die Belastungsverteilung immer weiter verschärft, auf die Stimmung schlägt und im schlimmsten Fall dazu führen kann, dass sich die Betroffenen geschlossen krankmelden oder sogar die Praxis wechseln. Diese Situation kann den gesamten Betrieb zum Erliegen bringen und Ihren Ruf massiv schädigen.

Wir sehen also, dass erfolgreiches und nachhaltiges Personalmanagement eine vielschichtige Aufgabe darstellt, deren Einzelkomponenten sauber und bruchlos miteinander harmonieren und kooperieren müssen. Andernfalls wird ein bereits gelöstes Problem A von dem noch ungelösten Problem B ausgebremst – und der bis dahin investierte Ressourcenaufwand ist komplett verloren. Im schlimmsten Fall können sich für eine Zahnarzt-, Facharzt- oder Allgemeinarztpraxis sogar unumkehrbare und existenzgefährdende Komplikationen ergeben, wie im folgenden Abschnitt dargelegt wird.

Toxische Mitarbeiter eröffnen den Teufelskreis der Unattraktivität

Sind der Praxisleitung erst einmal die Zügel aus der Hand geglitten, erhöht sich signifikant das Risiko, in eine destruktive Abwärtsspirale abzurutschen. Ihre Praxis kann zwar die richtigen Maßnahmen zur Mitarbeitergewinnung entwickeln, einführen und verfolgen. Treffen aber die neuen Nachwuchskräfte dann direkt am ersten Arbeitstag auf eine toxische Arbeitsumgebung, die von den bestehenden Mitarbeitern auf- und ausgebaut wird, werden Sie nicht lange Freude an der Verstärkung haben. Die Folgen decken sich eins zu eins mit den Konsequenzen, die ich unter dem vorherigen Punkt »Ungerechte Arbeitsverteilung« skizziert habe. Als Resultat werden Sie es nicht nur nicht schaffen, Ihre Belegschaft durch motivierte und leistungsfähige Mitarbeiter zu ergänzen und Ihre Umsatzbasis zu verbessern. Die toxische Stimmung strahlt auch schneller als erwartet nach außen ab. Potenzielle Neuzugänge aus anderen Praxen, die mit dem Gedanken spielen, sich bei Ihnen zu bewerben, erfahren über verschiedenste Kanäle von der Stimmung in Ihrer Praxis. Sind dann alle guten, zuverlässigen und motivierten Mitarbeiter abgewandert und schrecken externe Kandidaten vor einer Bewerbung zurück, gestaltet der destruktive Rest der

Belegschaft Ihre Praxis nach den Vorlieben der toxischen Meinungsführer. Die Praxisleitung und die verbleibenden loyalen Führungskräfte stehen dann mit dem Rücken zur Wand und können nur noch ganz wenige Karten ausspielen.

Dementsprechend werde ich Ihnen ein paar hilfreiche Tipps zur Prophylaxe geben, bevor ich mich ausführlicher mit den Maßnahmen zur Mitarbeitergewinnung beschäftige. In diesem Kontext gebe ich Ihnen auch Hinweise, wie Sie bereits im Rahmen des Recruitings toxische Persönlichkeiten erkennen – und sich frühzeitig vor ihnen schützen können.

So gehen Sie erfolgreich gegen toxische Mitarbeiter vor

Sobald sich bei Ihnen ein harter Kern an renitent destruktiven – toxischen – Mitarbeitern eingenistet hat, der nach außen hin die offizielle Fassade aufrechterhält, aber hinter Ihrem Rücken seine eigene Agenda verfolgt, haben Sie ein ernsthaftes Problem, das sich nicht so einfach lösen lässt. Daher gilt die Devise: Je früher Sie die ersten Anzeichen erkennen sowie aktiv und unverzüglich gegensteuern, desto besser. Idealerweise gehen Sie in bewährten, aufeinander aufbauenden Schritten vor, die ich Ihnen nachfolgend erläutern möchte.

Schritt 1: Identifizierung/Klassifizierung

Zuallererst müssen Sie natürlich herausfinden, wer Verursacher und Rädelsführer ist – und wer »nur« zu den Mitläufern zählt. Die toxischen Köpfe werden Sie dann ganz gezielt »bearbeiten«, um das Ruder wieder herumzureißen.

Oftmals hat es keinen Sinn, diese weiterhin im Team zu belassen, da sie höchstwahrscheinlich früher oder später in ihre Verhaltensmuster zurückfallen werden. Dies hängt auch vom Persönlichkeitstyp ab. Die Mitläufer lassen sich in aller Regel wieder auf Spur bringen, wenn die richtigen Maßnahmen eingeleitet und überzeugende Perspektiven eröffnet werden. Schauen wir uns nun an, mit welchen toxischen Persönlichkeitsvarianten Sie es üblicherweise zu tun haben können. Wir greifen dazu die psychologische Definition der sogenannten Dunklen Triade auf, diese unterscheidet zwischen drei Typen.

Der Narzisst

Narzissten drehen sich nur um sich selbst. Sie gehen grundsätzlich davon aus, besser als alle anderen Menschen zu sein – auch wenn ihnen eindeutig aufgezeigt wird, dass sie im Unrecht sind. Sie beanspruchen mehr Zuwendung, mehr Lob, mehr Aufmerksamkeit als ihr Umfeld, auch wenn sie diese aufgrund ihrer Leistungen nicht verdienen. Erhalten sie diese Zuwendung nicht, gehen sie sehr erfinderisch vor, um das zu bekommen, was ihnen ihrer Meinung nach zusteht. Rücksicht und Mitgefühl sind ihnen fremd, auch wenn sie diese Eigenschaften vorspielen, sofern es ihnen opportun erscheint. Haben andere Menschen ihren Zweck erfüllt, werden sie von den Narzissten wie eine heiße Kartoffel fallen gelassen. Narzissten erkennt man daran, dass sie schnell gekränkt sind oder weit übertrieben auf ihrer Sonderbehandlung beharren.

Der Machiavellist

Benannt nach Niccolò di Bernardo dei Machiavelli, einem italienischen Diplomaten und Schriftsteller, beschreibt der Machiavellismus eine Vorgehensweise, die den Zweck stets über die Mittel stellt und sich auch nicht von Moral, Ethik und Sittlichkeit einschränken lässt. Machiavellisten sind hervorragende Strategen, die stringent ihre Ziele verfolgen, um so schnell wie möglich eine unangreifbare Machtposition zu erlangen. Haben sie diese dann erreicht und etabliert, ist ihnen wiederum jedes Mittel recht, ihren Thron zu verteidigen. Einen Machiavellisten erkennt man an seinem Zynismus und seinem ausgeprägten Misstrauen.

Der subklinische Psychopath

Jenseits der psychopathischen Störung im medizinischen Sinn gehen diese »Arbeits-Psychopathen« ausbeuterisch, rücksichtslos und mit emotionaler Kälte vor. Sie können sich prinzipiell nicht an Regeln halten und hadern mit Zielen, Plänen und gemeinnützigem Verhalten. Psychopathen fallen durch ihre Impulsivität und ihre Ablehnung jeglicher Strukturen und Vorgaben auf.

Wie bei allen Persönlichkeitseigenschaften kommen diese niemals in Reinform vor, sondern spiegeln die menschliche Vielfalt durch Kombinationen, Abstufungen oder Überschneidungen wider, die sich gegenseitig verstärken oder abschwächen können. Erschwerend kommt bei der Identifikation hinzu, dass viele Menschen in ihrem Leben schwierige Phasen durchmachen, in denen sie sich narzisstisch, psychopathisch oder machiavellistisch verhalten, ohne diese Eigenschaften dauerhaft zu verinnerlichen. Andererseits vereinfacht die Kategorisierung zwar die Auseinandersetzung und Identifikation des toxischen Kerns Ihrer Belegschaft, Sie sind aber auch in der Lage, die Rädelsführer zu erkennen, ohne ein genaues Psychogramm in den Händen zu halten. Denn sie weisen trotz unterschiedlicher Persönlichkeitsausprägungen ähnliche Verhaltensweisen auf.

Toxische Mitarbeiter agieren asozial, hinterhältig, unmoralisch und destruktiv. Sie entschuldigen sich nicht für offensichtliche Fehler oder Fehlverhalten. Ihnen fällt es leicht, andere zu manipulieren und sie von ihrer Meinung zu überzeugen. Wenn Sie mit einer breitgefächerten Meinungsänderung in Ihrem Team konfrontiert werden, lohnt es sich, zu fragen, wer denn den Meinungsumschwung initiiert hat. Die Beschäftigung mit toxischen Mitarbeitern hinterlässt bei Ihnen und Ihrem Führungsteam ein Gefühl der Ermattung und Erschöpfung. Sie überschreiten regelmäßig Grenzen und versuchen, dieses Verhalten dann entweder charmant herunterzuspielen oder geben Ihnen das Gefühl, übergriffig, dominant, rechthaberisch und ausbeuterisch agiert zu haben. Hier wird gerne der Spieß umgedreht und eine Umkehrung von Ursache und Wirkung versucht. Der sogenannte Whataboutism – die Unart, Fragen mit kritischen oder unangemessenen Gegenfragen zu beantworten – wird von toxischen Mitarbeitern auch oft und gerne eingesetzt.

Schritt 2: Dokumentation des Fehlverhaltens

Toxische Mitarbeiter aller oben beschriebenen Varianten verstehen es hervorragend, sich herauszureden, zu relativieren, zu schauspielern und Vorwürfe herunterzuspielen, wenn sie mit ihnen konfrontiert werden. Um diesem Vorgehen kategorisch das Fundament zu entziehen, sollten Sie das jeweilige Fehlverhalten sehr genau und ausführlich dokumentieren – natürlich unter voller Beachtung des Datenschutzes. Idealerweise ziehen Sie eine Vertrauensperson hinzu oder suchen sich Zeugen, die das Verhalten der toxischen Person bestätigen können. Wichtig: Es darf sich nicht um Anhänger oder Vertraute des betreffenden Mitarbeiters handeln, damit dieser nicht gewarnt wird und/oder womöglich eigene Gegenmaßnahmen einleitet. Vergessen Sie bitte nicht, dass sowohl Narzissten als auch Machiavellisten und Psychopathen nichts heilig ist und sie sprichwörtlich wie Nero lieber Rom niederbrennen, wenn sie noch eine Chance sehen, ungestraft davonzukommen. Übertreiben Sie aber die Dokumentationsphase auch nicht. Wenn Sie bereits ausreichendes Futter für den nächsten Schritt, die Konfrontation, gesammelt haben, sollten Sie nicht noch lange warten, um einen wirklich unverzeihlichen Fehler abzuwarten und zu Papier zu bringen. Sie riskieren, dass die Situation eskaliert, statt diese noch niederschwellig und zeitnah in Ordnung bringen zu können.

Schritt 3: Zur Rede stellen, klare Ansage machen

Abhängig davon, wie destruktiv sich der betreffende Mitarbeiter verhalten hat, sollte auch Ihre Ansprache ausfallen. Sprechen Sie unmissverständlich und offen die Verfehlungen an. Wenn die Toxizität noch nicht so stark ausgeprägt ist und der Mitarbeiter ansonsten gute Arbeit leistet, ist es für den weiteren Gesprächsverlauf ausgesprochen förderlich, auch auf positive Aspekte einzugehen. Machen Sie dem Mitarbeiter klar, dass dieses Gespräch eine ernste Warnung ist – und er noch die Chance hat, das Ruder herumzureißen. Nicht selten reicht dieser Schuss vor den Bug aus, um das Verhalten von Mitarbeitern mit geringer Toxizität wieder in die richtige Richtung zu bringen. Lassen Sie sich maximal eine weitere Verfehlung mit anschließender Aussprache gefallen. Hat der Mitarbeiter dann immer noch nicht verstanden, dass er am kürzeren Hebel sitzt, folgt der nächste Schritt.

Schritt 4.1: Konfrontation mit einem Zeugen

In dieser Phase sollte der Mitarbeiter erkennen, dass er bereits zahlreiche Chancen verspielt hat und mit dem Rücken zur Wand steht. Jetzt kommt auch Ihre Dokumentation zum Tragen – und Ihr Vertrauter aus der Praxisleitung oder dem Team. Diese Konfrontation muss absolut vertraulich ablaufen. Die Erfolgschancen sind zwar entsprechend gering, eine echte und dauerhafte Lösung aber noch nicht komplett ausgeschlossen. Eine wichtige Voraussetzung für den unwahrscheinlichen Erfolg: Der toxische Mitarbeiter fängt nicht wieder an, sich herauszureden oder Gegenargumente zu bringen. Er nimmt die Kritik widerspruchslos an und bestätigt, dass er verstanden hat, um was es geht. Dies kann nicht erzwungen werden. In aller Regel führt die Uneinsichtigkeit des Mitarbeiters dann zur Kündigung, die stichhaltig und auf Basis der Dokumentation des Fehlverhaltens formuliert werden muss. In einigen wenigen Fällen hilft aber noch eine andere Maßnahme.

Schritt 4.2: Unterstützung durch einen externen Spezialisten

Wenn Sie dem Mitarbeiter wirklich noch eine letzte – und höchstwahrscheinlich unverdiente – Chance einräumen wollen, können Sie einen Mediator zu Rate ziehen. Die veränderten Rahmenbedingungen und die – aus Sicht des Mitarbeiters – unvoreingenommene Perspektive des Mediators können in Einzelfällen doch noch Wirkung zeigen. Nichtsdestotrotz ist der letzte Schritt aber viel wahrscheinlicher.

Schritt 5: Kündigung

Wenn keine der vorherigen Maßnahmen zu einer mehr oder weniger zufriedenstellenden Lösung führt, stellt die Kündigung folgerichtig die Ultima Ratio in diesem Prozess dar – auch und vor allem, um keine langwierige Auseinandersetzung oder eine Niederlage vor dem Arbeitsgericht zu riskieren. Toxische Mitarbeiter verstehen es nämlich sehr gut, Arbeitsrichter auf ihre Seite zu ziehen. Je nach Region und politischen Rahmenbedingungen sind die Arbeitsgerichte prinzipiell auch eher geneigt, den Ausführungen der Arbeitnehmer zu folgen. Dementsprechend versuchen alle Praxisinhaber, einer Auseinandersetzung vor Gericht (fast) um jeden Preis zu entgehen, wenn ihre Klageführung nicht wirklich hieb- und stichfest ist. Dies sollten Sie immer berücksichtigen, wenn Sie eine Kündigung vorbereiten, die nicht auf strafrechtlich relevantem Verhalten beruht. Selbstverständlich müssen Sie stets auch alle arbeitsrechtlichen Vorgaben berücksichtigen; wenn Ihre Praxisbelegschaft mehr als zehn Vollzeit-Äquivalente umfasst, ziehen Sie bei Unsicherheit oder im Zweifel unbedingt einen Fachanwalt für Arbeitsrecht hinzu!

Was geschieht, wenn eine Arzt-, Facharzt- oder Zahnarztpraxis keine Fachkräfte mehr findet?

Nachdem wir uns mit den allgemeinen und branchenspezifischen Gründen für den Fachkräftemangel bei niedergelassenen Ärzten, Fach- und Zahnärzten beschäftigt haben, möchte ich Ihre Aufmerksamkeit kurz auf die oft unterschätzten Kosten einer nicht besetzten Stelle lenken. Diese Opportunitätskosten lassen sich mittlerweile ziemlich gut abschätzen und schärfen die Aufmerksamkeit bezüglich der finanziellen Folgen, wenn nicht rechtzeitig und zielführend gegengesteuert wird. Im Internet finden sich etliche Formeln und Berechnungsmethoden, die einmal mehr, einmal weniger Faktoren einbeziehen – aber schlussendlich sehr ähnliche Ergebnisse liefern. Der Einfachheit halber nutze ich daher die sogenannte Cost-of-Vacancy-Formel für eine Beispielrechnung.

Gehen wir im ersten Schritt von einem Brutto-Jahresverdienst einer medizinischen Fachangestellten von 30.000 Euro und durchschnittlich 250 Arbeitstagen im Jahr aus. Im zweiten Schritt müssen wir der Tätigkeit dieser Angestellten einen Prioritätswert für die Praxis zwischen 3 (sehr wichtig) und 1 (nötig, aber weniger wichtig) zuordnen. Hier wählen wir für unser Beispiel den Wert 2 (wichtig). Die nächste Variable ist der Zeitraum in Tagen, der nötig ist, um eine vakante Stelle wieder zu besetzen. Mal angenommen, es dauert drei Monate, um wieder eine passende Fachkraft zu finden, setzen wir den Wert 63 ein (das Dreifache der Anzahl der durchschnittlichen Arbeitstage pro Monat).

Der CoV-Rechner berechnet dann basierend auf einem Brutto-Gehalt von 120 Euro pro Arbeitstag zwei sehr aufrüttelnde Ergebnisse: Die Praxis hat die entsprechende Vakanz bereits 15.120 Euro gekostet, als Personalertrag sind 7.560 Euro entgangen. Ob und wie lange sich eine Praxis dieses Defizit leisten kann, hängt zwar von den Rücklagen und der allgemeinen Umsatzsituation ab. Wenn jedoch zeitnah keine effektiven Maßnahmen ergriffen werden, kommt eine sehr destruktive Abwärtsspirale in Gang.

Jenseits der reinen Zahlen sollten wir uns noch verdeutlichen, dass der Schaden sich überproportional erhöht, je kleiner die Praxisbelegschaft ist. Weiterhin können Sie auch Ihrem ärztlichen Anspruch nicht mehr nachkommen, sich angemessen um jeden Patienten zu kümmern, der sich vertrauensvoll an Sie und Ihr Praxisteam wendet – nicht nur eine wirtschaftliche, sondern auch eine moralische Herausforderung.

Bevor wir uns nun mit möglichen Prophylaxe- und Gegenmaßnahmen mit der nötigen Ernsthaftigkeit auseinandersetzen können, sollten wir uns noch mit Fehlentwicklungen, falschen Fährten und Sackgassen beschäftigen, denen Sie unbedingt ausweichen sollten. Für Sie mag es sich vielleicht um ein reines »Was wäre wenn«-Gedankenspiel handeln – ich hingegen kenne echte Fälle aus der Praxis, bei denen jede Hilfe zu spät kam. Entweder wurden die strukturellen Probleme seit geraumer Zeit nicht gesehen beziehungsweise bewusst übersehen und/oder es entwickelte sich aufgrund fehlender oder mangelhafter Strategien zur Mitarbeitergewinnung und -bindung und zum Aufbau einer effektiven Arbeitgebermarke innerhalb kürzester Frist eine ziemlich destruktive Eigendynamik.

Mitarbeiter spüren sehr schnell, wenn eine Praxis keine Zukunft mehr hat. Diese Erkenntnis verbreitet sich wie ein Lauffeuer, je kleiner die Praxis ist, desto zügiger geht es. Es fängt meist damit an, dass ein wichtiger – und eigentlich unersetzlicher – Mitarbeiter in eine andere Praxis oder sogar den Beruf wechselt. Verfügt man über keine solide Personalstrategie, werden die Aufgaben hektisch auf andere Mitarbeiter verteilt, die dann ihrerseits früher oder später an ihre Leistungsgrenze kommen. Auf dieser Basis lassen sich weder die vorhandene Arbeit sinnvoll und qualitativ annehmbar verteilen, noch Wachstumspläne in die Tat umsetzen. Die Abwärtsspirale ist in Gang gesetzt worden. Diese ist fast immer von spezifischen Haltungen und Handlungsweisen gekennzeichnet.

Hoffen statt Handeln

Da keine übergreifende Strategie vorhanden ist, wird nach dem Prinzip Hoffnung hektisch mit Einzelmaßnahmen reagiert, die natürlich kaum bis keine Wirkung erzielen. Unpersönliche und nichtssagende Stellenanzeigen, die sich nicht im Geringsten von der Masse der Mitbewerber unterscheiden, werden in Offline- und Online-Medien geschaltet. Beim Arbeitsamt wird man ebenfalls vorstellig – vor allem, um auch die letzte Chance nicht ungenutzt zu lassen. Leider führen diese Aktivitäten nicht zu den gewünschten Resultaten. Die Bewerber, die sich vorstellen, erfüllen nicht einmal die Minimalanforderungen und überzeugen auch nicht durch eine integre, leistungsbereite und vertrauensvolle Persönlichkeit. Vor ein paar Jahren wären ihre Bewerbungsschreiben und ihr Lebenslauf direkt aus dem Umschlag in den Papierkorb gewandert.

Faule Kompromisse

Diese hektischen Einzelmaßnahmen lässt man eine Weile wirken – beziehungsweise nicht wirken –, bevor aus purer Verzweiflung faule Kompromisse eingegangen werden. Vielleicht nicht der erstbeste, aber zumindest der zweitbeste Kandidat wird eingestellt – trotz eines ziemlich unguten Gefühls in der Magengegend. Die Abwärtsspirale kommt jetzt gerade richtig auf Touren, denn diese wenigen faulen Eier vergiften den ganzen Korb. Das bisherige, noch ziemlich tragfähige Teamgefüge – insbesondere die gegenseitige Unterstützung angesichts der überdurchschnittlichen Arbeitsbelastung – bricht zusammen, da die neuen Mitarbeiter entweder nicht mitmachen und/oder nur ihre eigene Agenda verfolgen. Als schlimme Konsequenz droht der Verlust der letzten Leistungsträger.

Die durchweg schlechte Stimmung, die sich nicht selten durch ein lärmendes, gegenseitiges Anschweigen ausdrückt, bleibt dann natürlich auch den Patienten nicht verborgen. Diese spüren nicht nur die Disharmonie, sondern leiden auch unter der wesentlich schlechter gewordenen Koordination, unnötig langen Wartezeiten, dem Desinteresse der »Neuen« und der Verzweiflung der »Alten«. Die daraus resultierende Patientenabwanderung verschlechtert die Umsatzlage, die Zukunft der Praxis steht schließlich auf dem Spiel.

Kein Arzt, Facharzt oder Zahnarzt möchte es so weit kommen lassen. Viel lieber würden sie ihren Patienten die beste medizinische Versorgung zukommen lassen, sich Gedanken über Wachstum machen und zuversichtlich in die Zukunft blicken. Was muss dafür getan werden? Schauen wir uns die notwendigen Schritte genauer an.

Kapitel 2

MITARBEITERGEWINNUNG – DIE VORARBEIT

Das Mindset für die Mitarbeitergewinnung

Wie bei vielen anderen privaten, geschäftlichen und gesellschaftlichen Themen und Herausforderungen hängt der Erfolg von der Denkweise ab, mit der man an diese herangeht. Da erzähle ich Ihnen nichts Neues. Tatsächlich wurde der Begriff »Mindset« aber in letzter Zeit dermaßen überstrapaziert, dass bei vielen Menschen bereits nach Aussprechen der ersten Silbe »Mind« der Vorhang fällt beziehungsweise auf Durchzug geschaltet wird. Dies ist zwar vollkommen verständlich, wird aber der Bedeutung der richtigen Einstellung in diesem wichtigen Kontext nicht einmal ansatzweise gerecht. Daher sollten Sie den nachfolgenden Ausführungen möglichst vorbehaltlos entgegentreten, vielen Dank für Ihr Verständnis!

Erinnern Sie sich noch? Früher wurden Medizinische Fachangestellte als »Sprechstunden*hilfe*«, »Arzt*helferin*« und Ähnliches bezeichnet. Ihr Anteil am Praxiserfolg wurde somit bereits per Definition auf Zuarbeiten, Hilfstätigkeiten und wenig anspruchsvolle, wiederkehrende Routineaufgaben degradiert, obwohl ohne motivierte, mitdenkende, qualifizierte und erfahrene MFAs kein einziger Patient behandelt werden könnte. Mittlerweile gehört diese verzerrte Wahrnehmung zum Glück der Vergangenheit an, denn mit dieser antiquierten Perspektive wäre jede Maßnahme zur Mitarbeitergewinnung von Beginn an zum Scheitern verurteilt.

Steht man dann vor der Notwendigkeit, neue Mitarbeiter finden zu müssen, und betrachtet man die bisher verwendeten – aber mittlerweile ausgedienten – Wege, könnte der Eindruck entstehen, dass neue Mitarbeiter heutzutage von sich aus auf eine Praxis zukommen und selbst ausführliche Recherchen anstellen, sodass es ausreicht, eine Standard-Stellenausschreibung auf der eigenen Website (soweit vorhanden) oder auf einschlägigen Portalen zu veröffentlichen. Aus den Waschkörben von Bewerbungen müsste man sich dann einfach nur noch die Kandidaten mit den besten Noten, Arbeitszeugnissen und Referenzen heraussuchen, diese ein paar Wochen einarbeiten und dann direkt in den Praxisalltag integrieren. Der Fokus der gesamten Belegschaft weicht während des Prozesses nicht von den Patienten ab, deren Behandlung überhaupt erst die wirtschaftliche Existenz als Arzt-, Facharzt- oder Zahnarztpraxis ermöglicht. Was zählt, sind die fachlichen Qualifikationen der MFA und die Bereitschaft, sich in ein Team ein- und ihm unterzuordnen. Diese Herangehensweise war schon früher falsch und unproduktiv, nur konnte man sie sich angesichts eines Arbeitgebermarktes mit Bewerberüberschuss leisten. Inzwischen hat sich der Wind um 180 Grad gedreht, wir haben es nun mit einem Arbeitnehmermarkt zu tun.

In einem expliziten Arbeitnehmermarkt bestimmen prinzipiell die Kandidaten die Regeln. Aktuell befinden wir uns aber nicht mehr nur in einem ausgeprägten Arbeitnehmermarkt, sondern in einem Zustand, der die Arbeitgeber quasi an die Wand drückt, den Job-Interessenten (von »Bewerbern« kann man schon lange nicht mehr sprechen, da dies eine Verkehrung der Machtverhältnisse implizieren würde) fast jeden Vorteil in die Hände spielt und sogar teilweise die vorhandenen Mitarbeiter dazu antreibt, ihre Vorgesetzten und Chefs regelrecht zu erpressen. Denn selbst ausgewiesene Minderleister, die sich bisher so durchgewurschtelt haben, hinterlassen eine Lücke, die dann wieder geschlossen werden muss.

Erfahrungsgemäß kommt man in einem entsprechenden Missverhältnis von Angebot und Nachfrage mit 08/15-Maßnahmen, »altbewährten« Standards oder Ignoranz nicht einen Millimeter weiter. Dies gilt unabhängig davon, in welche Richtung die Waage ausschlägt. Praxisinhaber, die auf der Suche nach Personal sind, das zumindest ein wenig mehr Motivation, Einsatzbereitschaft, Leistungsorientierung und Qualifikation als der Durchschnitt zum Job-Interview mitbringt, müssen sich also noch viel mehr ins Zeug legen. Sie werden mittlerweile im Rahmen der Kommunikation mit Job-Kandidaten oder während Job-Interviews Erfahrungen gemacht haben, die zur Frage führten »Bin ich eigentlich im falschen Film?«. Hanebüchene Forderungen, Überheblichkeit und völliges Desinteresse an der Praxis gehören zu den typischen Eigenschaften, die heute manche Job-Interessenten völlig unbeeindruckt an den Tag legen – und mit denen sie nicht selten auch durchkommen.

Entsprechend groß sind der Frust, der Ärger und die Verzweiflung bei den Verantwortlichen in der Praxis, die sich mit diesen Allüren auseinandersetzen müssen. Und diese Emotionen sind auch menschlich und vollkommen verständlich. Und das Ungleichgewicht verschiebt sich dazu noch immer weiter zugunsten der Arbeitnehmer. Folgerichtig entscheiden sich nicht wenige Praxisinhaber für einen rigorosen Richtungswechsel, um der Situation Herr werden zu können. Grundsätzlich ist ein Perspektivenwechsel notwendig, Sie können die Herausforderungen von heute und morgen nicht mit den Strategien von gestern und vorgestern bewältigen. Dennoch geht es nicht darum, es einfach nur anders zu machen, sondern es richtig zu machen.

Zur Verdeutlichung möchte ich Ihnen kurz zwei falsche Mindsets aufzeigen, die die Problematik nicht nur nicht lösen, sondern erheblich verschlimmern.

Falsches Mindset 1: Neue Mitarbeiter als Gegner betrachten, die man erst besiegen muss, um sie für sich gewinnen zu können

Aus Frust und der sich langsam anstauenden Wut über die (tatsächlich oder vermeintlich) unverdient günstige Marktposition der Job-Interessenten entwickeln manche Praxisinhaber oder Personalverantwortliche eine sehr angriffslustige Vorgehensweise. Sie setzen alles daran, die Kandidaten ins Boot zu holen – auch unfaire oder aggressive Methoden. Hauptsache, man wird gesehen und hebt sich irgendwie von der Konkurrenz ab. Nicht selten wird auch faustdick übertrieben oder das Blaue vom Himmel versprochen. Hat der neue Mitarbeiter dann endlich unterschrieben, ist die »Sau erlegt« und muss sich mit den Gegebenheiten in der Praxis abfinden.

Diese »Strategie« führt natürlich früher oder später ins Leere. Der Denkfehler basiert auf der überholten Vorstellung, dass sich Mitarbeiter sehr widerwillig nach einem Job umsehen, wenn nicht alle Rahmenbedingungen ihren Erwartungen entsprechen. Dies ist mittlerweile überhaupt nicht mehr der Fall. Die Bereitschaft, auch bei minimalen Ungereimtheiten wieder auf den Arbeitsmarkt zurückzukehren, liegt auf einem hohen Niveau und steigt kontinuierlich an. Kein Wunder, wenn der nächste bessere (nicht nächstbeste) Job direkt um die Ecke wartet. Die »Gegner-Methodik« und die Schere zwischen Erwartung und Realität sprechen sich dann unter den regionalen Job-Interessenten umgehend herum und führen die agierende

Praxis nur noch zügiger in die Abwärtsspirale (siehe Kapitel 1). Es gibt aber noch eine andere Vorgehensweise, die sich diametral von der gerade beschriebenen unterscheidet - sich aber ebenso destruktiv auswirkt.

Falsches Mindset 2: Neuen Mitarbeitern als Bittsteller gegenübertreten, alles akzeptieren und sämtliche Warnsignale ignorieren

Diese Herangehensweise entspringt der puren Verzweiflung, die sich nach (gefühlt unzähligen) erfolglosen Rekrutierungsversuchen nach traditionellem Rezept einstellt. Sie geht aber nur scheinbar in eine vollkommen andere Richtung als die Gegner-Methode, da sie auch rein emotional entstanden ist und ihre Energie weiterhin aus Gefühlen bezieht. Anstatt nun nüchtern auf die Suche nach den Ursachen zu gehen, wird ebenfalls das Kind mit dem Bade ausgeschüttet und unnötig verallgemeinert und vereinfacht. In destruktiver Konsequenz wird in manchen Fällen sogar fast die gesamte Praxis umstrukturiert, um es den neuen »Goldkindern« so angenehm wie möglich zu machen. Jeglichen Forderungen und Wünschen der Kandidaten wird nachgegeben, mit wenig Rücksicht auf die vorhandenen Mitarbeiter.

Diese Herangehensweise ist in ihrer Grundidee ähnlich erfolglos wie die vorherige und wirkt sich gleichfalls sehr destruktiv aus, wenn mal tatsächlich ein Fisch ins Netz geht. Die echten Topkräfte gewinnt man mit der »Hofknicks-Methode« eh nicht. Ein Vergleich mit Dating-Portalen drängt sich auf - wer seine Partnersuche mit dem Anzeigentext »Frau gesucht, Alter, Aussehen und Charakter egal« beginnt, wird natürlich nur Antworten von Personen erhalten, die nichts mehr zu verlieren haben. Verständlicherweise betrachtet die Stammbelegschaft die Neuzugänge als Konkurrenz, Schmarotzer und Schaumschläger, da sie mit weniger Einsatz, mangelnder Charakterfestigkeit und nicht vorhandener Motivation mehr für sich herausgehandelt haben. Und die neuen Mitarbeiter bestätigen diese Vorbehalte in der Regel auch innerhalb kürzester Zeit durch Überheblichkeit, Faulheit, Mimosentum und fehlende Leistung. Werden diese Defizite von der Stammbelegschaft gegenüber der Praxisleitung geäußert, passiert kaum etwas. Die frischgebackene Verstärkung soll unter keinen Umständen verärgert werden. Wesentlich wahrscheinlicher ist es sogar, dass die Beschwerdeführer negative Konsequenzen befürchten müssen. Über kurz oder lang verlassen dann die Leistungsträger die Praxis, noch bevor die überteuerten Neuzugänge auch schleunigst das Weite suchen können. Sie spüren wie Schiffsratten instinktiv, wenn eine Schieflage oder das Kentern droht. Das Ergebnis gleicht unterm Strich dann sehr der Gegner-Methode.

Wir sehen also, dass nicht *irgendein* Mindset die Lösung darstellt, sondern nur eine Denk- und Handlungsweise, die authentisch, empathisch und psychologisch unterfüttert ist und auf eine echte Partnerschaft der sich ergänzenden Fähigkeiten, Persönlichkeiten und grundsätzlich integrer Motivationen abzielt.

Wie muss man umdenken, um zukünftig noch Mitarbeiter zu gewinnen?

Offenkundig ist also ein echter Paradigmenwechsel erforderlich, um den heutigen und zukünftigen Rahmenbedingungen auf dem Arbeitnehmermarkt wirklich Rechnung tragen zu können. Das Ziel ist ja nicht nur die Sicherung des Status quo (schwer genug!), sondern oftmals auch die Expansion. Nachhaltiges Wachstum ist jedoch nur möglich, wenn man als Inhaber einer Arzt-, Facharzt- oder Zahnarztpraxis zum einen auf motivierte, qualifizierte und zufriedene Stammmitarbeiter zugreifen, zum anderen aber auch erfolgreich und regelmäßig neue Mitarbeiter gewinnen kann, die sich in das Team integrieren und gleichzeitig konstruktive Impulse mit einbringen wollen.

Wie Sie Ihre Stammbelegschaft nicht nur bei der Stange halten, sondern auch immer enger an sich binden, erfahren Sie im nachfolgenden Kapitel 3 »Mitarbeiterbindung – die tägliche Dosis Anerkennung«. In Kapitel 4 »Employer Branding – die Rücklage für gute und schlechte Zeiten« geht es dann um Strategien, Maßnahmen und Eigenschaften, die dafür sorgen, dass Sie als Arbeitgeber bereits ohne aktive Rekrutierungsaktivitäten wesentlich attraktiver auf zukünftige Mitarbeiter wirken. Dieser Wettbewerbsvorteil spielt Ihnen dann in die Hände, wenn Sie mit dem richtigen Mindset neue Mitarbeiter ansprechen, auswählen und einstellen. Mit diesem Mindset beschäftigen wir uns jetzt.

Respektvolle Partnerschaft mit legitimer Gewinnabsicht

Damit wir uns nicht falsch verstehen: Der »Geschäftszweck« einer Arzt-, Facharzt- oder Zahnarztpraxis ist immer noch die Behandlung von Patienten. Dabei soll und muss natürlich auch Geld verdient werden. Diese beiden »Leitplanken« dürfen bei der Erneuerung des Mindsets für erfolgreiche Mitarbeitergewinnung und -bindung nicht verlassen werden. Immerhin haben Sie nicht vor, eine defizitäre »Wohlfühloase« für angestellte Ärzte und Medizinische Fachangestellte zu unterhalten. Diese nicht diskutierbare Grundbedingung muss auch allen bestehenden und zukünftigen Mitarbeitern stets klar und präsent sein.

Ist dies geklärt, kann man sich dem »Mindshift«, dem Umdenkprozess in Richtung einer respektvollen und inspirierenden Partnerschaft zum Wohle der Patienten mit ausgewiesener und legitimer Gewinnabsicht widmen. Aber wie und was ist am Mindset zu schrauben, damit diese Partnerschaft tatsächlich den Sprung vom Wunschzettel in die Realität schafft? Schauen wir uns dazu erst einmal die verschiedenen »Spieler« an, die täglich in einer Arzt-, Facharzt- und Zahnarztpraxis miteinander agieren.

Patienten

Ihre Patienten stehen – wie bereits erwähnt – im Mittelpunkt Ihrer Tätigkeit. Nichtsdestotrotz gilt der Grundsatz »Der Patient hat immer recht!« schon lange nicht mehr. Ebenso überholt ist das Motto »Der Kunde ist König!«, wenn Sie dies sinngemäß auf Ihre Praxis übertragen. Einiges an Frust und Unmut der Vergangenheit unter Mitarbeitern von Arzt-, Facharzt- und Zahnarztpraxen resultiert aus der Einstellung, dass bei Meinungsverschiedenheiten, Auseinandersetzungen oder Eklats die berechtigten Positionen, Einschätzungen oder Einwände von Mitarbeitern zugunsten der Patientenperspektive hintangestellt oder sogar komplett aufgegeben wurden. Die dahinterstehende Sorge war und ist klar: der Verlust des Patienten. Gerade in Ballungsräumen, die (noch) nicht unter Versorgungsengpässen leiden, herrscht ein ernsthafter Konkurrenzkampf unter den niedergelassenen Medizinern verschiedenster Fachrichtungen. Besonders ausgeprägt stellt sich diese Haltung natürlich bei Privatpatienten dar, deren Abwanderung empfindliche Umsatzverluste nach sich ziehen könnte. Von der negativen Mundpropaganda ganz zu schweigen.

Zugegeben: Diese Aspekte waren und sind nicht von der Hand zu weisen. Ohne Patienten werden auch die besten und motiviertesten Mitarbeiter früher oder später arbeitslos. Nichtsdestotrotz führt regelmäßiges Invalidieren bei Mitarbeitern früher oder später eben auch zur inneren Kündigung, Depression, Selbstwertverlust, mangelnder Sorgfalt bei der Erledigung von Aufgaben (»Ich kann es eh niemandem recht machen!«) und irgendwann zur tatsächlichen Kündigung. Auf dem Weg dorthin leidet natürlich auch das gesamte Praxisklima, werden vielleicht sogar Fraktionen gebildet, die mehr oder weniger gegen die Interessen der Patienten und der Praxis intrigieren. Dieser Entwicklung beugen Sie vor, indem Sie Ihren Patienten zwar mit Respekt und Freundlichkeit begegnen – aber auch klar eine rote Linie ziehen, wenn Ihre Mitarbeiter respektlos oder unangemessen behandelt werden. Ihre Belegschaft wird intuitiv Ihrem Beispiel folgen und diese Augenhöhe-Perspektive etablieren und pflegen. Ihre Mitarbeiter wissen dann, dass Sie hinter ihnen stehen und dafür sorgen, dass sie in Ruhe und mit Ihrem Vertrauen ihre Aufgaben erledigen können.

Praxisinhaber

Jetzt geht es um Sie als Inhaber einer Arzt-, Facharzt- oder Zahnarztpraxis. Die »Halbgötter in Weiß«-Allüren der Vorgängergenerationen haben Sie erfreulicherweise schon von Beginn an links liegen lassen, bemühen sich vielleicht, Ihren Mitarbeitern (und angestellten Ärzten, soweit vorhanden) als Primus inter Pares gegenüberzutreten, oder versuchen sogar, die Rolle des Freundes, mit dem man gerne mal ein Bier trinkt – und dem man auch alles erzählt, zu besetzen. Die dahinterstehende Motivation ist vollkommen nachvollziehbar und uneingeschränkt ehrenwert. Nichtsdestotrotz werden Sie als »Dr. Kumpel« Ihren eigentlichen Aufgaben im Praxis-Mikrokosmos nicht ansatzweise gerecht.

Sie sind eben nicht der »Erste unter Gleichen« ohne besondere Privilegien oder spezifische Weisungsrechte. Sie haben immerhin die Verantwortung für die gesamte Praxis und müssen daher auch unangenehme Entscheidungen treffen können, ohne direkt »entfreundet« zu werden. Tatsächlich würde ein ständiger Wechsel zwischen »bester Freund« und »Boss« Ihre Mitarbeiter und angestellten Ärzte erheblich verwirren. Niemand wüsste genau, ob er mit Ihnen gerade als Kumpel, Kollege oder Vorgesetztem spricht. Aus diesem Grund sollten Sie Ihre Rolle als Praxisinhaber, Verantwortungsträger und letzte Instanz von Anfang an ganz klar definieren und kommunizieren: Sie agieren als Führungsperson, die die Zügel jederzeit in der Hand hält. Gleichzeitig ziehen Sie mit Ihrem Team stets am gleichen Strang, interessieren sich tatsächlich für die Wünsche, Ziele, Träume, Herausforderungen und Bedürfnisse Ihrer Mitarbeiter (und tun nicht nur so, als ob). Die Bedeutung Ihres Teams ist Ihnen in voller Konsequenz bewusst, Sie agieren gerecht und fair, können aber im Notfall auch mal fünfe gerade sein lassen. Auf Sie kann man sich immer verlassen, Sie stehen zu und hinter Ihrem Team.

Für diesen Zweck – aber auch für die Dokumentation weiterer, wichtiger Leitlinien, Verhaltensregeln, dem Selbstverständnis Ihrer Praxis und Ähnlichem – eignet sich eine »Praxis-Fibel«, ein »Wer sind wir, was machen wir und wie machen wir es«-Ordner, der jedem neuen Mitarbeiter direkt im Rahmen des Onboardings (darauf gehe ich natürlich noch genauer ein) überreicht wird. Was niedergeschrieben wurde, ist aus dem Kopf und kann nicht mehr vergessen oder verdrängt werden. Alternativ – oder additiv zur Verstärkung – lassen sich die aufgeführten Punkte natürlich auch im Rahmen eines gut strukturierten Teamcoachings vermitteln. Dies dient ebenfalls hervorragend dazu, die »Neuen« unter Berücksichtigung ihrer spezifischen Persönlichkeitseigenschaften und Stärken zu integrieren und ihnen dann jeweils eigene Praxis-Paten zur Seite zu stellen, die sich nach dem allgemeinen Onboarding individuell um sie kümmern, Fragen beantworten und als erste Ansprechpartner bei Missverständnissen, Unklarheiten und etwaigen Auseinandersetzungen fungieren.

Geschäftspartner, Lieferanten

Nicht außen vor lassen möchte ich natürlich auch die zahlreichen »Satelliten«, die um einen »Praxis-Planeten« kreisen. Diese gehören zwar nicht direkt zu Ihrer »Feldmannschaft«, beeinflussen aber nichtsdestotrotz den Teamerfolg. Zu unzähligen Kontaktanlässen erhalten Sie und Ihre Mitarbeiter Impulse von außerhalb Ihrer Praxis, aber noch innerhalb Ihrer Branche. Ebenso geben Sie und Ihr Team Impulse, Stimmungsbilder, Negativ- und Positiv-Beispiele nach außen. Diese Tatsache sollte allen Beteiligten bewusst sein. Ich kenne nicht wenige Fälle, in denen erfolgskritische und vertrauliche Interna über diese Kanäle ihren unbeabsichtigten Weg in die Öffentlichkeit gefunden haben. Trotzdem sollten Sie Ihre Beziehungen zu Ihren Geschäftspartnern und Lieferanten freundschaftlich, kooperativ und ausgesprochen integer gestalten und halten. Sind diese Ihnen und Ihren Mitarbeitern grundsätzlich wohlgesonnen, lassen sich manche Probleme oder Missverständnisse auf dem »kleinen Dienstweg« lösen. Gleichzeitig wirken diese Satelliten im besten Fall als positive

Botschafter Ihrer Praxis und erleichtern dementsprechend die Rekrutierung von motivierten und qualifizierten Fachkräften.

Mitarbeiter

Dass wir jetzt erst zu den Mitarbeitern kommen, um deren erfolgreiche Rekrutierung und Bindung es in diesem Buch ja hauptsächlich gehen soll, ergibt sich aus der Tatsache, dass die beiden vorher besprochenen »Spielergruppen« zunächst einmal aus einer ganz anderen Perspektive betrachtet werden mussten. Nun kennen wir die idealtypischen Rollen von Patienten und Praxisinhabern, dementsprechend wenden wir uns schließlich der bestehenden und zukünftigen Belegschaft zu.

Ihre Mitarbeiter – und auch die angestellten Ärzte – sind zweifellos Ihr wichtigstes Kapital. Von deren Motivation, Qualifikation, Inspiration, Flexibilität, Einsatzbereitschaft, Kreativität und Innovationsfreudigkeit hängt der Erfolg Ihrer Praxis ab. Daraus folgt, dass Sie ihnen Wertschätzung, Respekt, Aufmerksamkeit, Mitgefühl, Interesse und Wohlwollen zukommen lassen sollten. Natürlich müssen Sie Ihr Team auch ordentlich und pünktlich bezahlen – Ihre diesbezügliche Bereitschaft setze ich daher als selbstverständlich voraus.

Mit negativen Beispielen haben wir uns an anderer Stelle bereits ausführlicher befasst, daher nehmen wir jetzt einmal die Wunschperspektive ein – so sollte es bestenfalls in Ihrer Praxis aussehen: Jeder einzelne Mitarbeiter kennt seinen eigenen Wert als Experte und Mensch, aber auch seine Bedeutung für den Erfolg des Teams. Diese Position befindet sich genau in der Mitte zwischen den extremen Polen »unersetzliche Diva« und »austauschbare graue Maus«. Ein funktionsfähiges Teamgebilde reguliert

Ausschläge in diese beiden Polaritäten üblicherweise von sich aus, baut auf oder holt wieder auf den Teppich herunter, ohne dass verbrannte Erde hinterlassen wird oder es zu unterdrücktem Groll kommt.

Die Verbindungen zwischen den einzelnen Mitarbeitern – unabhängig von ihrer Funktion – bewegen sich auf einem gesunden, gleichberechtigten Niveau. Natürlich gibt es »Best Friends«, die privat miteinander ausgehen oder sogar zusammen in den Urlaub fahren. Trotzdem führen diese etwas stärker ausgeprägten Verbindungen nicht zu Eifersüchteleien, Frontenbildung oder Grabenkriegen.

Jede Persönlichkeit wird in ihrer Individualität und Unterschiedlichkeit akzeptiert und respektiert. Die jeweiligen Ecken und Kanten lassen sich tatsächlich wie die Kontaktflächen der weltbekannten Plastik-Noppensteine betrachten. Diese sorgen durch ihre Haftkraft dafür, dass sich Fähigkeiten, Eigenschaften, besondere Talente – aber auch Defizite und Entwicklungspotenziale – ergänzen, ausgleichen oder sogar positiv verstärken.

Nur durch den Mut zur Lücke entdeckt man Nischen, die man besetzen und zum Wohle des gesamten Teams in Wachstums- und Umsatzpotenziale ausbauen kann. Die Mitarbeiter finden in Ihnen als Praxisinhaber ihre Mitte, ihren Ruhe- und Aktivierungspunkt, fragen Sie nach Rat, teilen mit Ihnen aber auch unvoreingenommen ihre Sichtweisen, Erfahrungen und Spezialkenntnisse.

Klingt zu schön, um wahr zu sein? Nicht unbedingt. Ein Team, das so oder so ähnlich Tag für Tag zusammenarbeitet, lässt sich entsprechend aufbauen, pflegen und verstärken. In meiner langjährigen Zusammenarbeit mit zahlreichen Praxen habe ich nicht wenige High-Performance-Teams kennengelernt, die diese Bezeichnung wirklich verdient haben. Diese Teams wieder auf den richtigen Recruiting-Weg zurückzubringen, zukunftsfähig zu machen und mit passenden Mitarbeitern zu verstärken, gehörte und gehört zu den schönsten und hochgradig erfüllenden Erlebnissen meiner beruflichen Tätigkeit. Und genau aus diesem Grund sorge ich auch in meinem eigenen Unternehmen dafür, dass sich die Mitglieder meines High-Performance-Teams rundum wohlfühlen.

Nachdem wir die wichtigsten Spieler auf dem »Praxisfeld« identifiziert und uns mit ihrer Bedeutung für den Teamerfolg beschäftigt haben, besteht der nächste Schritt darin, die passenden Spielregeln festzulegen. Diese sorgen dann dafür, dass sich das richtige Mindset zur Mitarbeitergewinnung und -bindung etabliert, weiterentwickelt und optimiert.

Die Spielregeln für das richtige Mindset

Die Aufgaben der Praxisleitung

Als Praxisinhaber sind Sie von Beginn an dafür verantwortlich, dass die richtigen Mitarbeiter eingestellt werden. Eine neue Fachkraft muss von ihrem Charakter und ihren fachlichen Fähigkeiten her zum bestehenden Team passen. Know-how und handwerkliche Fertigkeiten lassen sich bei Bedarf noch nachschärfen oder auf Ihren Praxisbedarf ausrichten. Einen hinterhältigen und psychotischen Charakter ändern Sie nicht so einfach.

Ihnen obliegt weiterhin, dafür zu sorgen, dass Ihre Mitarbeiter in einem angenehmen und inspirierenden Arbeitsumfeld ihren Aufgaben nachgehen können. Hierfür können Sie Feedback und Anregungen aus der Belegschaft einholen, aber Sie sollten nicht den Eindruck entstehen lassen, dass jeder sein persönliches Wunschkonzert veranstalten könne. Diesbezüglich besteht wieder die besondere Herausforderung darin, die Balance zwischen »Plattenbau mit eingebauter Praxistechnik« und »Schöner Wohnen – Praxis-Edition« zu finden. Tatsächlich machen bereits kleine und kostengünstige Veränderungen einen enormen Unterschied.

Zudem sind Sie die wichtigste Führungskraft in Ihrer Praxis. Zu keiner Zeit sollte der Eindruck entstehen, dass Sie unbeteiligt in der Gegengeraden Platz genommen haben, wenn eigentlich Ihr Einsatz als Trainer, Mannschaftskapitän und Fan-Beauftragter in Personalunion auf dem Spielfeld gefragt ist. Ermutigen Sie Ihre Mitarbeiter, im Rahmen ihrer Zuständigkeiten, Aufgabengebiete und Verantwortungsbereiche eigenverantwortlich und als Mikro-Unternehmer zu denken und zu handeln. Stellen Sie aber auch klar, dass Sie es nicht dulden, wenn nur die eigene Suppe gekocht oder gegeneinander gearbeitet wird. Mit dieser Vorgehensweise befreien Sie sich von vornherein von der unnötigen Auseinandersetzung mit irrelevanten Details, errichten gleichzeitig eine effektive Delegationskette, vermeiden aber auch destruktive Alleingänge, Vetternwirtschaft und Korruption.

Aus Ihrer Meta-Perspektive als Praxisinhaber setzen Sie auch die groben Ecksteine für die Prozesse und Strukturen Ihrer Praxis. Wenn Sie die grundlegende Blaupause entwickelt, optimiert und schließlich verabschiedet haben, beauftragen Sie interne oder externe Spezialisten und Praktiker mit der Umsetzung. Strukturen und Prozesse haben aber nur eine begrenzte Halbwertszeit. Ihre Lebensdauer hängt einerseits von den Veränderungen in der Branche, in der Medizin und in der Technik ab und wird andererseits erheblich von der Größe Ihrer Praxis beeinflusst. Kleine Praxen kurz nach der Eröffnung kann man als Prototypen betrachten, deren Strukturen und

Prozesse aufgrund ihrer Überschaubarkeit schneller und einfacher funktionieren.
Von Skalierungsspezialisten aus der Industrie habe ich mir sagen lassen, dass es eine enorme Herausforderung darstellt, die Qualität eines handgefertigten Prototypen auf die international vernetzte Massenproduktion zu übertragen. Dementsprechend empfehle ich, die praxisinternen Strukturen und Prozesse regelmäßig zu überprüfen und anzupassen – insbesondere, wenn weitreichende Wachstums- und Veränderungsphasen ins Haus stehen.

Last but not least geben Sie den allgemeinen und speziellen Kommunikationsstil vor. Tatsächlich ist es immer besser, wenn zu oft als zu wenig miteinander geredet wird. Und zwar auf jeder Ebene und in jede Richtung. Kommunikationskanäle entstehen und verbessern sich, wenn offen und aktiv zum Gesprächsaustausch aufgerufen wird – und auch Zeit und Gelegenheiten geschaffen werden. Bei Bedarf kann auch ein externer Kommunikations-Coach zum Einsatz kommen. Diese Zeitfenster sollten einerseits genügend Möglichkeit zur fokussierten Erörterung aller relevanten Punkte bieten, andererseits aber auch nicht in »betreutes Kaffeetrinken« ausarten. Die Meeting-»Kultur« in deutschen Unternehmen hat mittlerweile erschreckende Dimensionen angenommen, mancherorts kommt man überhaupt nicht mehr dazu, die eigentlichen Aufgaben zu erledigen. Unkompliziertheit, Flexibilität und Spontaneität sollten die wesentlichen Begriffe sein, wenn das Thema »Kommunikation« initial behandelt wird.

Die Aufgaben der Mitarbeiter

Tatsächlich geht die Mitverantwortung Ihrer Belegschaft, Ihres Praxisteams für ein auskömmliches, inspirierendes und produktives Arbeitsklima weit über die berufsspezifischen Aufgabendefinitionen der jeweiligen Stellenbeschreibungen hinaus. Sie setzen doch Stellenbeschreibungen ein, oder? Wenn nicht, möchte ich es Ihnen aus- und nachdrücklich ans Herz legen, damit Sie nicht mit Vermutungen, Interpretationen, Unschärfen oder krassen Missverständnissen arbeiten müssen, wenn eine klare, allgemeinverständliche und verbindende Sprache erforderlich ist.

Idealerweise verfügt Ihre Praxis für jeden Aufgabenbereich und für jede Position über eine möglichst detaillierte, klar verständliche Stellenbeschreibung. Diese bildet eine wichtige Grundlage für die Effektivität und Qualität der ausgeführten Tätigkeiten, sorgt für Identifikation mit dem Job und beugt Missverständnissen effektiv und nachhaltig vor. Weiterhin können Sie die konkret und überprüfbar formulierten Stellenbeschreibungen bei juristischen Auseinandersetzungen hervorragend einsetzen, um Verfehlungen, Versäumnisse und ausgewiesene Arbeitsverweigerungen festzustellen und nachzuweisen. Ausreden in Richtung »Ich dachte, ich sollte das so und so machen, woher soll ich denn wissen, was von mir genau erwartet wurde!« ziehen Sie auf diese Weise von vornherein den Boden weg.

Wenden wir uns aber wieder der Verantwortung der einzelnen Mitarbeiter bei der Festlegung und Einhaltung der Praxisspielregeln zu. Diese können nämlich nicht einfach im Zuschauerraum Platz nehmen und darauf warten, dass Sie ihnen alles vortanzen und vordenken. Um partnerschaftlich, respektvoll und auf einer gemeinsamen Kommunikationsebene zusammenzuarbeiten, fällt beiden Seiten Verantwortung, Initiative und Commitment zu.

Ihr Part als Praxisinhaber steht so weit fest (siehe oben), jetzt spitzen Ihre Mitarbeiter die Ohren! Jedes

Teammitglied hat nicht nur das Recht, auf Missstände hinzuweisen, sondern auch die ausgesprochene Pflicht. Natürlich respektvoll, höflich und im angemessenen Ton. Weiterhin muss jeder Mitarbeiter die Bereitschaft mitbringen (oder entwickeln), Störungen des Praxisbetriebs selbstständig und aktiv zu beseitigen. Konkret bedeutet das zum Beispiel, dass ein heruntergefallener Bohrer, eine Kanüle oder anderes medizinisches Gerät nicht einfach liegen gelassen wird (»Hoffentlich tritt nachher nicht die Putzfrau drauf«), sondern aufgehoben, entsorgt oder für die nächste Sterilisierung vorbereitet wird. Ihnen mag diese Vorgehensweise selbstverständlich erscheinen – sie ist es aber leider nicht. Und wer im Kleinen ohne Sanktionen schludert, tut dies irgendwann auch im Großen – wenn es richtig riskant und/oder gesundheitsgefährdend wird.

Weiterhin obliegt es allen Mitarbeitern, aufeinander zu achten, bei offensichtlichem Bedarf Hilfe anzubieten oder sich – soweit erforderlich – an Vorgesetzte und/oder Kollegen zu wenden, um deren Rat oder Unterstützung einzufordern. Ein Team ist mehr als die Summe der Individuen. Positiver Teamgeist, Zusammengehörigkeitsgefühl, gegenseitige Unterstützung und Weiterentwicklung zeichnen eine gute und wachstumsorientierte Belegschaft aus.

Kommunikation der Spielregeln

Damit alle Beteiligten – sowohl die bestehende Belegschaft als auch die »Neuen« – genau wissen, was von ihnen erwartet wird, müssen Sie die Spielregeln festlegen, regelmäßig kommunizieren, Feedback und berechtigte Kritik aufnehmen, einarbeiten, umsetzen und kontinuierlich weiterentwickeln. Um aus der »Praxisfibel« und/oder den Elementen des Teamcoachings statt den »Worten des Großen Vorsitzenden« ein lebendiges und reflektiertes Fundament des gemeinsamen Erfolgs zu machen, sollten Ihre Mitarbeiter wissen und honorieren, dass sie umfassend daran beteiligt sein werden – oder es schon sind.

Kapitel 3

MITARBEITERBINDUNG – DIE TÄGLICHE DOSIS ANERKENNUNG

Bevor wir uns im Detail mit den relevanten Aspekten einer erfolgreichen und nachhaltigen Strategie zur Mitarbeiterbindung beschäftigen, möchte ich Ihnen eine grundsätzliche Frage stellen: Was ist Ihrer Meinung nach wichtiger: Mitarbeitergewinnung oder Mitarbeiterbindung? Mein Vorschlag: Legen Sie zur Beantwortung der Frage dieses Buch ein paar Minuten zur Seite, gehen Sie in sich, lassen Sie Ihre diesbezüglichen Erfahrungen Revue passieren – und lesen Sie dann erst weiter.

Schön, dass Sie mitgemacht haben! Denn an dieser Frage scheiden sich tatsächlich die Geister. Die Pro-Mitarbeitergewinnungs-Fraktion befindet sich auf ihrer gerade gewählten Position nicht selten aufgrund ernüchternder Erfahrungen im Bereich Mitarbeiterbindung. Vielleicht wurden die falschen Strategien gefahren oder das mangelnde beziehungsweise fehlende Feedback der Mitarbeiter als Undankbarkeit fehlinterpretiert. Tatsächlich fragen sich viele Praxisinhaber, warum und wofür sie sich eigentlich so viele Gedanken gemacht haben – zusätzlich zu den Herausforderungen des Praxisalltags. Zurück bekommt man vermeintlich nicht einmal ein Dankeschön und wird umgehend direkt mit neuen

Forderungen konfrontiert. Andererseits entsteht der Eindruck, dass sich die Mitarbeiter nach dem Herunterfahren der Mitarbeiterbindungs-Bemühungen fast zeitgleich auf die Suche nach einer anderen Praxis begeben, die ihnen noch mehr Honig um den Bart schmiert. Mit diesem Aspekt beschäftige ich mich im weiteren Verlauf des Kapitels gesondert.

Mitarbeitergewinnung rückt stets in den Fokus, wenn wichtige Fachkräfte die Praxis – aus welchen Gründen auch immer – verlassen oder eine Expansion ansteht. Wer hingegen für Mitarbeiterbindung votiert hat, erwartet, dass durch die investierten Aufmerksamkeiten einige Fachkräfte motiviert werden, wieder die Extrameile zu gehen, ihre über Jahre aufgebaute Komfortzone zu verlassen und innovative Ideen in den Praxisalltag einzubringen.

Finden Sie sich – zumindest in gewissen Anteilen – in einer dieser etwas überspitzten Beschreibungen wieder? Dann wird meine Antwort Sie überraschen: Beide Fraktionen liegen meiner Erfahrung nach gleichzeitig richtig – und falsch. Denn wer in diesem Bereich die eine Seite klar vorzieht und die andere Seite entschieden ablehnt, setzt sich einer enormen Gefahr aus. Mitarbeitergewinnung und Mitarbeiterbindung sind untrennbar über das entsprechende Mindset miteinander verbunden, um kurz-, mittel- und langfristig eine erfolgreiche und wachstumsorientierte Personalstrategie zu verfolgen.

Stellen Sie sich folgende Situation vor: Auf der wackeligen Sitzbank einer Biertischgarnitur hat am äußeren linken und rechten Ende jeweils eine Person Platz genommen. Wenn der eine abrupt aufsteht, fällt der andere umgehend von der Sitzbank auf den Boden. Am Ende haben beide ihr Getränk verschüttet. Ähnlich sieht es auch mit Mitarbeitergewinnung und Mitarbeiterbindung aus. Investitionen und Verbesserungen nur auf der einen Seite führen zu einem Ungleichgewicht, das beide Aspekte erheblich beeinträchtigt und den Gesamterfolg gefährdet.

Wie lösen wir diese Herausforderung nun, bevor sie sich zu einem echten Dilemma entwickelt? Ganz einfach: mit eher kleinen, aber gezielten und sehr wirksamen Schritten sowie Maßnahmen, die die Gesamtbalance nicht gefährden und idealerweise auf beide Seiten »einzahlen«. Um den langfristigen Erfolg dieser Vorgehensweise zu veranschaulichen, gestatten Sie mir einen kleinen Ausflug in das Thema »Beziehungskiste«.

»Endless Love« statt »One-Night-Stand«

Was hat eine erfolgreiche Personalstrategie mit einer stabilen und erfüllenden Liebesbeziehung gemeinsam? Fragt man Paare, die seit vielen Jahren oder gar Jahrzehnten zusammen sind, nach ihrem Erfolgsgeheimnis, dann hört man oft sehr ähnliche Antworten. Zuerst wird darauf verwiesen, dass die anfängliche Verliebtheit im Laufe der Jahre schwindet. Deren Platz übernimmt dann aber eine sehr effektive und verbindende Mischung aus tiefer Liebe, Vertrautheit, Respekt, Verständnis für die beziehungsweise Toleranz gegenüber den Marotten des Partners. Ohne einen dieser Bestandteile droht der wichtige Beziehungs-»Klebstoff« über kurz oder lang zu verdunsten, Auflösungserscheinungen machen sich bemerkbar, Unterschiede werden relevanter als Gemeinsamkeiten, am Ende geht man sich dann nur noch auf die Nerven.

Weiterhin halten in intakten Langzeitverbindungen regelmäßige Aufmerksamkeiten die Beziehung aufrecht. Diese müssen weder besonders spektakulär noch hochgradig kreativ sein. Sie müssen dem anderen lediglich glaubhaft vermitteln, dass man sich immer noch jeden Morgen freut, ihn zu sehen, mit ihm Zeit zu verbringen und Erlebnisse und Erinnerungen zu teilen; dass man sich hervorragend bezüglich der jeweiligen Lebensplanungen ergänzt und sich gegenseitig unterstützt.

Kritiker führen beim Beziehungsmodell »Endless Love« hingegen an, dass sehr oft die Abwechslung zu kurz kommt, eingefahrene Wege selten verlassen werden und die resultierende Routine die persönliche Weiterentwicklung beeinträchtigen kann. Diese Risiken bestehen sicherlich, kein Zweifel.

Demgegenüber steht der Erfahrungshorizont des »One-Night-Stands«. Sicherlich hat dieser auch seinen Reiz. Manche Menschen ziehen diese Variante der Interaktion daher auch dem Eingehen einer festen Beziehung vor, eine persönliche Entscheidung, die sich jeder Wertung entzieht. Nichtsdestotrotz finden wir hier auch Schattenseiten. Die »Akquise-Phase«, das Werben, beginnt jedes Mal von Neuem, wiederholt sich und kommt selten über das »Eskalations-Erlebnis« hinaus. Entwickelt sich wider Erwarten mehr, stehen beide Seiten nicht selten vor einem echten Dilemma.

So weit als Einleitung die Analogie zur »Beziehungskiste«. Während es im Bereich der zwischenmenschlichen Verbindung kein Richtig oder Falsch gibt, findet sich aber im Bereich der Mitarbeiterbindung für Arzt-, Facharzt- und Zahnarztpraxen sehr wohl eine eindeutige Wertung. Hier eignet sich die Variante »Endless Love« einfach besser, um dauerhaft erfolgreich zu werden und zu bleiben – aus folgenden Gründen.

Hohe Mitarbeiterfluktuation verursacht enorme Kosten

Sich nur darauf zu konzentrieren, mit standardisierten »Flirt-Funnels« einschlägiger Personalrecruiting-Agenturen ständig neue Fachkräfte anzuziehen, einzustellen – und nach kurzer Zeit wieder zu verabschieden, verbrennt Ressourcen, Nerven und viel Geld. Dementsprechend führt die ausschließliche Konzentration auf die konstante Zuführung neuer Mitarbeiter nur dazu, dass unterm Strich die Anzahl der Mitarbeiter – mitentscheidend für eine eventuelle Expansion – stagniert.

Hohe Mitarbeiterfluktuation verhindert Weiterentwicklung im Team

Zudem sind diese »One-Hit-Wonder« selten in der Lage, sich jenseits ihrer anfänglichen Booster-Phase im Laufe der Zeit in das Team zu integrieren, die persönlichen Stärken beizusteuern, unausweichliche Schwächen (Nobody is perfect) ehrlich offenzulegen und durch die Stärken der Kollegen auszugleichen. Auf diese Weise wächst das Team weder quantitativ noch qualitativ.

Hohe Mitarbeiterfluktuation beeinträchtigt die Arbeitsqualität

Wenn das Team immer wieder sehr damit beschäftigt ist, die »Neuen« mit den individuellen Rahmenbedingungen der Praxis vertraut zu machen, auf das erwartete Qualitätslevel zu bringen und unvermeidbare Fehler auszugleichen, leidet natürlich sowohl die Gesamtqualität der Arbeit als auch die Höhe des Outputs. Gute Einarbeitung und die weitere Betreuung durch »Praxispaten« gehören zu einem guten und wirksamen Onboarding mit dazu. Nichtsdestotrotz sollte nicht ein nennenswerter Anteil Ihrer Mitarbeiter ausschließlich damit ausgelastet werden, sich ständig um neue Fachkräfte zu kümmern. Diese Mitarbeiter würden sich dann irgendwann nur noch als »Türsteher« sehen und bei »Neuen«, die tatsächlich länger bleiben wollen, ihre Aufgaben nicht mehr so ernst nehmen wie am Anfang. Dies wirkt sich dann wieder auf die Stimmung der »Neuen« aus, die Abwärtsspirale setzt sich – langsam, aber sicher – erneut in Gang.

Hohe Mitarbeiterfluktuation verwirrt die Patienten

Sie wissen es selbst am besten: Wer gerade mit Schmerzen, Krankheiten oder anderen gesundheitlichen Beeinträchtigungen zu kämpfen hat, empfindet es als beruhigend und angenehm, in der Praxis mit bekannten Gesichtern zu interagieren. Der Mensch ist in dieser Hinsicht ein echtes Gewohnheitstier, der kranke Mensch erst recht. Ihre Patienten fühlen sich bei häufigen Mitarbeiterwechseln bei Ihnen nicht mehr wohl, wechseln vielleicht irgendwann die Praxis und sorgen durch negative Mund-zu-Mund-Propaganda dafür, dass weniger Neupatienten zu Ihnen kommen – eine echte Abwärtsspirale.

Sind wir uns also einig, dass wir eine dauerhafte und auf Wertschätzung, Respekt und Toleranz basierende Beziehung mit den Mitarbeitern anstreben? Prima, dann schauen wir uns jetzt die konkreten Maßnahmen an, die sich für diesen Zweck anbieten und eignen.

Große Wirkung durch kleine Tricks

Der Blumenstrauß zum Wochenende, die Lieblingspraline auf dem Kopfkissen, die Überraschung zum Jahres-/Hochzeitstag oder das kleine, unerwartete Präsent einfach mal so – in Beziehungen führt meistens erst die Kombination von ernst gemeinter Aufmerksamkeit, nennenswertem Aufwand und Regelmäßigkeit zum dauerhaften Erfolg. Praktischerweise können wir dieses Rezept eins zu eins auf den Bereich der Mitarbeitergewinnung und -bindung übertragen. Natürlich müssen Sie die relevanten Eckdaten Ihrer Mitarbeiter nicht im Kopf behalten, Sie können dafür ein vertrauliches Büchlein führen, digitale oder analoge Reminder verwenden – Ihrer Phantasie sind hier keine Grenzen gesetzt.

Welche Anlässe sollten Sie sich notieren, um Ihren Mitarbeitern regelmäßig und glaubhaft zu kommunizieren: »Sie sind mir wichtig, ich bin mir bewusst, welchen Wert Sie für meine Praxis haben, ich bedanke mich herzlich für Ihr bisheriges Engagement und freue mich, noch viele Jahre mit Ihnen zusammenarbeiten zu dürfen«? Geburtstage, Jahrestage der Einstellung, Jubiläen, wichtige Meilensteine in der beruflichen oder persönlichen Weiterentwicklung, wichtige Daten der persönlichen Bezugspersonen oder der Familie. Als Aufmerksamkeiten funktionieren immer noch Blumensträuße, idealerweise ergänzt durch ein überraschendes, persönliches »Goodie«, Gutscheine, Sonderurlaub, Teilnahme an besonderen Events, Weiterbildungen, Seminaren und Ähnliches. Variieren Sie gerne die Zuwendungen, achten Sie aber auch auf die gesetzlichen Höchstgrenzen für den jeweiligen finanziellen Wert sowie eventuelle weitere Compliance-Vorgaben für Ihre Praxis.

Neben den anlassbezogenen Aufmerksamkeiten verfehlen aber auch vermeintlich spontane und/oder gut geplante und vorbereitete »Goodies« ihre Wirkung nicht – oder übertreffen sogar die erwarteten/terminierten Zuwendungen. Ihrem Team vermitteln Sie auf diese Weise, dass Sie nicht nur die »Pflichtübungen« absolvieren, sondern wirklich sein Engagement zu schätzen wissen. Andererseits signalisieren Sie aber auch, dass Sie Ihre Mitarbeiter und deren Leistungen im Blick haben. Dementsprechend sollten Sie ebenfalls auf Defizite, unangemessene Forderungen und Fehlverhalten reagieren. Suchen Sie dafür das Gespräch unter vier oder sechs Augen, vermeiden Sie dringend belegschaftsöffentliche »Schauprozesse«, Zurechtweisungen oder gar Demütigungen vor Kollegen und Patienten. Wie Sie mit toxischen Mitarbeitern umgehen können, habe ich bereits in Kapitel 1 beschrieben.

»Egal was ich mache, ich ernte nur Undankbarkeit!«

Bevor wir uns intensiver mit den weiteren Voraussetzungen für ein High-Performance-Team beschäftigen, möchte ich aber noch einmal ein paar Einwände abhaken, die mir in der täglichen Beratungsarbeit mit Inhabern von Arzt-, Facharzt- und Zahnarztpraxen immer wieder begegnen. Nicht selten entsteht nach mühevoll konzipierten und realisierten Mitarbeiterbindungsinitiativen bei den Personalverantwortlichen der Eindruck, dass diese entweder komplett an der Zielgruppe vorbeigehen, bei den avisierten Fachkräften nur Undank und Unverständnis ernten oder sogar unangemessene Begehrlichkeiten wecken. Zugegeben: In einigen Fällen traf diese Wahrnehmung auch tatsächlich zu. Als Ursache konnte ich in vielen anderen Fällen aber regelmäßig nicht Undankbarkeit oder Gier der Empfänger, sondern Versäumnisse, Fehlinterpretationen oder eine falsch verstandene Erwartungshaltung während des Planungsprozesses identifizieren.

Wenn die Mitarbeiter das Gefühl haben, durch die Zuwendungen in Zugzwang zu geraten und sich künftig gefälligst als »brave« Befehlsempfänger verhalten zu müssen, geht die Übung komplett nach hinten los. Durch die Aussicht auf »Liebesentzug« beziehungsweise Reduzierung von willkürlich gewährter Aufmerksamkeit sind noch nie respektvolle und inspirierende Partnerschaften entstanden – weder auf Beziehungs- noch auf Personalebene. Ebenso destruktiv wirkt sich der Eindruck aus, die Aufmerksamkeiten würden den Mitarbeitern widerwillig vor die Füße geworfen, weil es jetzt gerade im Trend liegt. Beide Effekte verfehlen nicht nur die beabsichtigte Wirkung, sondern vergiften sogar Arbeitsatmosphären, die zumindest einigermaßen gut funktionierten. Dementsprechend sollte stets klar werden, dass Ihre Aufmerksamkeiten einfach die gute Arbeit oder die Extrameile Ihrer Mitarbeiter honorieren, keine Sogwirkung aufbauen sollen und wirklich von Herzen kommen.

»Home, sweet Home«

Der wohl wichtigste Faktor bei der Mitarbeiterbindung – nicht nur in Arzt-, Facharzt- und Zahnarztpraxen, sondern in allen Unternehmen, Organisationen, Behörden, Vereinen und Institutionen, in denen Menschen zusammenarbeiten – ist der Aspekt der psychologischen Sicherheit. Kein anderer Einflussfaktor baut ein High-Performance-Team auf oder sorgt für eine dauerhaft harmonische und belastbare Teamkultur. Was bedeutet aber nun genau »psychologische Sicherheit«, wie lässt sie sich messen – und auf Dauer etablieren?

Mit psychologischer Sicherheit als Einflussfaktor aufs Personalmanagement beschäftigt sich die Wissenschaft bereits seit den 1960er-Jahren des letzten Jahrhunderts, richtig populär wurde das dahinterstehende Konzept aber erst durch die Arbeiten der Sozialwissenschaftlerin und Harvard-Professorin Amy C. Edmondson zur Jahrtausendwende und ihr Buch *The Fearless Organization* (*Die angstfreie Organisation*, aktuelle deutsche Ausgabe aus dem Jahre 2020). Auf ihren Erkenntnissen und den Arbeiten anderer Wissenschaftler beruht die allgemein anerkannte Definition von psychologischer Sicherheit, nachfolgend beziehe ich mich auch auf die hervorragende Zusammenfassung »Psychologische Sicherheit: Erfolgsfaktor für Teamerfolg jenseits der Teamzusammensetzung« von Prof. Dr. Torsten Biemann und Prof. Dr. Heiko Weckmüller, vom 16.12.2021 auf haufe.de, erstmals erschienen in *PERSONAL quarterly*, dem Wissenschaftsjournal für Praktiker. Demnach entsteht psychologische Sicherheit aus der Überzeugung einer einzelnen

Person oder einer Gruppe von Individuen, dass sie im Rahmen ihrer Tätigkeit für ein Team oder eine übergeordnete Organisation Risiken eingehen können, ohne dafür negative Konsequenzen oder Sanktionen in Kauf nehmen zu müssen. Dementsprechend besteht eine enge Verbindung zum Begriff des »Vertrauens«, der psychologisch wesentlich eingehender untersucht wurde. Wobei sich Vertrauen vorwiegend auf eine einzelne Person/einen Vorgesetzten bezieht, die psychologische Sicherheit aber durch den Konsens entsteht, dass die gesamte Organisationsstruktur über entsprechende Prozesse und Übereinkünfte verfügt, die dazu ermutigen, Risiken ohne Angst vor negativen Konsequenzen einzugehen. Welchen Effekt übt nun aber die psychologische Sicherheit auf eine Gruppe, ihre Ziele und ihre Erfolgsperspektiven aus? Einen erheblichen.

Psychologische Sicherheit ist Grundvoraussetzung für den Teamerfolg

Ohne psychologische Sicherheit – das Gefühl, im Gruppenrahmen geschätzt, beschützt, respektiert zu werden und Risiken eingehen zu dürfen – stellt eine Belegschaft, ein Praxisteam nur eine willkürliche Zusammenstellung von Individuen dar, deren Einzelleistungen sich zumindest nicht gegenseitig aufheben oder beeinträchtigen. Innovationen, eine konstruktive und für die Fehlerprophylaxe unentbehrliche offene und angstfreie Kommunikation, Lernfähigkeit und Toleranz gegenüber persönlichen Defiziten sind nur in einer Arbeitsatmosphäre möglich, die psychologische Sicherheit ausstrahlt und idealerweise explizit in ihrem Selbstverständnis manifestiert hat. Schauen wir uns die einzelnen Aspekte etwas genauer an, bevor wir uns mit der Frage beschäftigen, wie psychologische Sicherheit gemessen und etabliert werden kann.

Kommunikation

Wer sich ständig davor fürchtet, etwas Dummes oder Falsches zu sagen, sagt lieber überhaupt nichts mehr. Diese Zurückhaltung sorgt dann aber auch dafür, dass Missstände, eigene Fehler oder sich zuspitzende Fehlentwicklungen verschwiegen, ignoriert oder dementiert werden. Im schlimmeren Fall geht diese Nicht-Kommunikation mit Denunziantentum einher und kann im schlechtmöglichsten Fall auch dazu führen, dass Unterstellungen, Übertreibungen oder komplette Lügen über Kollegen verbreitet werden. Besteht hingegen psychologische Sicherheit, wird sich schnell, umfassend und ehrlich ausgetauscht, bevor sich unvermeidbare und kleinere Fehler zu echten Problemen ausweiten. Eigene Fehler und Schwächen werden offen oder sogar proaktiv kommuniziert, um es beim nächsten Mal besser zu machen und Schaden von der Gruppe abzuwenden.

Engagement

Besonders anschaulich zeigen uns Diktaturen, was passiert, wenn man sich von der Masse abhebt. Fällt man aus irgendeinem – eventuell sogar positiven – Grund auf, besteht unmittelbar die Gefahr, dass man als Verräter, Saboteur oder als jemand, »der sich für etwas Besseres hält«, identifiziert und bestraft wird. Herrscht hingegen psychologische Sicherheit, ist allen bewusst, dass Einzel-Engagement immer auch der Gruppe zugutekommt. Dementsprechend drückt man sich gegenseitig nicht hinunter, um nicht in den Fokus der Obrigkeit zu geraten, sondern leistet sich gegenseitig Hilfe bei der Erklimmung der nächsten Stufe.

Lernfähigkeit

Die Mitglieder einer Organisation lernen nur gemeinsam und füreinander, wenn der aktuelle, optimierungsfähige Status quo akzeptiert wird und Konsens herrscht, dass man zusammen besser werden kann. In angstbasierten Organisationen ist es hingegen fatal, die eigene Unzulänglichkeit zuzugeben. Lieber wird völlig unsinnigen und unerreichbaren Vorgaben zugejubelt und zugestimmt, auch wenn diese von vornherein zum Scheitern verurteilt sind. Die Schuld für das Nichterreichen kann man dann ja immer noch den Kollegen oder einem anderen Sündenbock anhängen. Die Wissenschaft hat herausgefunden, dass insbesondere sehr komplexe und anspruchsvolle Lern- und Weiterbildungsvorhaben erst gemeinsam gemeistert werden können, wenn ein hohes Maß an psychologischer Sicherheit herrscht. Gleichzeitig wirkt es sich auch positiv auf den Lernerfolg aus, wenn dem Team klar ist, dass die didaktischen Ziele Sinn ergeben und die Kreativität aller Gruppenmitglieder fördern.

Wie messe ich den Grad an psychologischer Sicherheit?

Die bereits erwähnte Autorin Amy Edmondson hat für diesen Zweck einen standardisierten Fragebogen entwickelt, der aus sieben Einzelfragen besteht und weltweit Verwendung findet. Der Grad der psychologischen Sicherheit wird für das gesamte Team ermittelt, die Fragen müssen dafür aber von jedem einzelnen Teammitglied ehrlich und vollständig beantwortet werden. Andere Messkonzepte beziehen sich eher auf das Verhältnis des jeweiligen Mitarbeiters zum direkten Vorgesetzten. Inwieweit welches Messverfahren in Ihrer Praxis zum Einsatz kommt, sollte individuell entschieden werden. Die Ergebnisse dienen dann als Blaupause für die Weiterentwicklung des Teams und die Erhöhung der psychologischen Sicherheit in Ihrer Organisation.

Wie lässt sich psychologische Sicherheit herstellen, etablieren und erhöhen?

Sobald Sie den individuellen Grad an psychologischer Sicherheit in Ihrer Praxis ermittelt haben, stehen folgerichtig Konzeption, Umsetzung und regelmäßige Überprüfung des Erfolgs entsprechender Maßnahmen an. Erfreulicherweise haben wir uns ja bereits mit den Aufgaben, die Ihnen als Praxisinhaber, aber auch den einzelnen Mitgliedern des Praxisteams zufallen, auseinandergesetzt. Hinzugekommen sind die Faktoren »angenehme, motivierende und inspirierende Arbeitsumgebung« sowie die Sinnhaftigkeit der Aufgaben und das Potenzial, die konstruktive Kreativität innerhalb der Belegschaft zu fördern (Kreativität entsteht leider auch in toxischen und angstbasierenden Organisationen, wird aber für destruktive Zwecke eingesetzt und ist in dieser Erscheinungsform natürlich nicht förderungs- und erstrebenswert).

Angenehme Arbeitsumgebung

Niemand arbeitet gerne an einem unpersönlichen »Dental-Fließband« oder einer »Medizin-Maschinenhalle«, um es etwas überspitzt auszudrücken. Andererseits haben wir ja auch bereits festgestellt, dass es nicht zu Ihren Aufgaben als Praxisinhaber gehört, eine ausgewiesene Wohlfühloase für Ihre Mitarbeiter zu errichten und zu unterhalten. Welche Arbeitsumgebung eignet sich aber nun, um eine gleichermaßen entspannende und anregende, inspirierende und konzentrationsfördernde Atmosphäre zu schaffen, die dem Ziel der psychologischen Sicherheit am Arbeitsplatz umfassend Rechnung trägt?

Diese Herausforderung geht zwar per definitionem weit über rein räumliche, innenarchitektonische und arbeitsergonomische Aspekte hinaus – beinhaltet diese aber auch explizit. Dementsprechend gilt: Grundsätzlich sollte die Ausgestaltung des persönlichen Wirkungsbereichs (soweit organisatorisch möglich) mit dem Mitarbeiter zusammen geplant und ausgeführt werden. Wer die Verantwortung für sein »Handwerkszeug« und das dazugehörige Setting trägt, geht damit pfleglicher um und nimmt sich als selbstwirksam wahr. In diesem Zusammenhang wird ein Aspekt von Praxisinhabern oft als selbstverständlich vorausgesetzt – von neuen/jungen Mitarbeitern aber tatsächlich regelmäßig vernachlässigt und unterschätzt: die Ordnung am Arbeitsplatz. Sobald Sie Ihrem neuen Mitarbeiter die Verantwortung für seinen Aufgabenbereich, die dazugehörigen Geräte und medizinischen Utensilien übertragen, sollte absolut klar sein, dass mit dem Recht zur möglichst selbstständigen Arbeitsorganisation auch immer die Pflicht einhergeht, eine wirkungsvolle Ordnungsstruktur zu entwickeln und dauerhaft einzuhalten.

Auch hier gilt: Führen und motivieren durch Vorbild. Sorgen Sie weiterhin auch dafür, dass Ihren Mitarbeitern für die vorgeschriebenen Pausenzeiten auch die passenden Rückzugsmöglichkeiten oder Räumlichkeiten zur Verfügung stehen. Mal kurz durch das Wartezimmerfenster auf die Behelfsterrasse zu klettern, um schnell eine

Zigarette durchzuziehen, führt nicht zur erforderlichen Regeneration, um die nächsten vier oder fünf Stunden bis zum Feierabend durchzuhalten.

Sinnhaftigkeit der Aufgaben

»Das Wohl der Patienten sollte doch genug Sinn ergeben, oder?« Ja und nein. Selbstverständlich ist die Arbeit in medizinischen Berufen nur für Menschen geeignet, die eine gewisse Befriedigung daraus ziehen, anderen Menschen zu helfen. Ansonsten wären die dazugehörigen Herausforderungen und Belastungen überhaupt nicht zu bewältigen. Dennoch geht es nicht nur darum, auf der Metaebene Sinnhaftigkeit zu erzeugen, sondern diese auch auf die einzelnen Teilaufgaben herunterzubrechen. Ansonsten entsteht ein ungemein destruktiver Umkehreffekt: »Ich bin angetreten, der Menschheit zu helfen, jetzt muss ich hier bis zur Bewusstlosigkeit Bohrer sortieren/Probengläser neu beschriften/den Nadeldrucker für die Rezepte reinigen. Das kann doch nicht wahr sein!«

Je höher der übergeordnete Anspruch an die Sinnhaftigkeit des eigenen Berufes hängt, desto tiefer fällt die Motivation, wenn der Eindruck entsteht, nur mit vermeintlich sinnlosen Arbeitsbeschaffungsmaßnahmen betraut zu werden. Scheuen Sie also bitte nicht den kleinen Mehraufwand, Ihren Mitarbeitern kurz den »Teilsinn« zu erläutern und die jeweilige Aufgabe in den Gesamtkontext zu setzen. Hier ist natürlich kein Besinnungsaufsatz erforderlich, die Zeit dafür haben Sie überhaupt nicht. Es sollte einfach nicht der Eindruck entstehen, dass Ihnen gerade nichts Besseres einfällt, damit der Mitarbeiter sich nicht langweilt. Die Sinn-Erläuterung können Sie selbstverständlich früher oder später auch delegieren, prüfen Sie aber unbedingt nach, ob diese Aufgabe auch sinnvoll erledigt wird.

Mitbestimmung auf die nette Tour

Wenn Ihre Mitarbeiter das Gefühl haben, reine Befehls-/Weisungsempfänger zu sein oder tatsächlich nur als Arzthelfer oder Zahnarzthelfer simple Zuträger-Jobs abzuarbeiten, leidet zum einen das Betriebsklima, zum anderen dürfen Sie dann auch kein besonderes Engagement, proaktives Denken/Handeln oder die viel zitierte »Extrameile« erwarten. Folgerichtig profitieren alle Beteiligten, wenn Sie in Ihrer Praxis – unabhängig vom arbeitsrechtlichen Anspruch auf einen Betriebsrat, wenn ständig mehr als fünf Mitarbeiter bei Ihnen tätig sind – bereits prophylaktisch eine praxisindividuelle Form von Mitbestimmung etablieren. Diese unterscheidet sich natürlich erheblich von der Mitbestimmung in Industriebetrieben, insbesondere auch aufgrund der speziellen Rahmenbedingungen für das Gesundheitswesen. Behandlungstechnische und medizinische Fragen bleiben dementsprechend komplett außen vor.

Welche Mitbestimmungsrechte sich für einen eventuellen Betriebsrat ergeben, regelt Paragraf 87 des Betriebsverfassungsgesetzes. Erfahrungsgemäß verspüren Mitarbeiter, die von Beginn an die Geschicke einer Arzt-, Facharzt- oder Zahnarztpraxis mitbestimmen können, aber kaum das Bedürfnis, explizit einen Betriebsrat wählen zu müssen. Daher sparen Sie als Praxisinhaber auch bares Geld für die (nicht unerheblichen) Kosten der Betriebsratsarbeit, wenn Sie sich eine Mitbestimmungs-Variante überlegen, die eine gewerkschaftlich geprägte Initiative von vornherein obsolet erscheinen lässt.

Geben Sie Ihren Mitarbeitern also die Verantwortung und Möglichkeit, bei der Festlegung der betrieblichen Ordnung, der Arbeits- und Öffnungszeiten, der Überstundenregelung, der Ausgestaltung der Sozialleistungen und anderen betriebsrelevanten Aspekten aktiv mitzugestalten und zu entscheiden. Darüber hinaus können Sie die Perspektive und die Kreativität Ihrer Teammitglieder auch nutzen, um die Praxisräume, die Kommunikation mit Patienten und Lieferanten, bestimmte Prozesse und Strukturen mitzugestalten und/oder zu entwickeln. Lassen Sie sich Arbeit abnehmen, schöpfen Sie das diesbezügliche Potenzial Ihrer Belegschaft ab, profitieren Sie von der unmittelbaren Nähe zu den Patienten. Nichtsdestotrotz sollte aber immer klar sein, wo die Grenzen der Mitbestimmung liegen. Dies liegt auch im Interesse Ihrer Mitarbeiter, damit diese in keine rechtlichen Fettnäpfchen treten oder sich sogar in juristische Grauzonen begeben. Argumentieren Sie diese Punkte proaktiv, fühlt sich auch niemand unnötig ausgebremst oder übersehen.

Offene Ohren und Augen schützen vor Scheuklappenmentalität und Ignoranz

Neben diesen ziemlich konkreten Tipps, wie Sie Ihre Mitarbeiter nicht nur an Ihre Praxis binden und ihnen psychologische Sicherheit geben, sondern sie auch als wertvolle und kreative Akteure Ihrer Wertschöpfungskette identifizieren und einbinden können, möchte ich noch einen Aspekt ansprechen, der ein wenig abstrakter daherkommt: wachsame Achtsamkeit. Zugegeben: der Begriff »Achtsamkeit« hat gerade in den letzten Jahren einen esoterischen Hype erlebt, der seinem ursprünglichen Grundwesen eigentlich ziemlich unrecht tut. Da wird Achtsamkeit für alle möglichen Quellen und Kanäle eingefordert, mir geht es aber hauptsächlich darum, ein feines Gespür für die Stimmung im Team zu entwickeln. Wenn Sie sich persönlich damit eher schwertun, können Sie natürlich auch auf die Unterstützung einer Person setzen, die einerseits Ihnen gegenüber absolut loyal ist, andererseits aber auch das Vertrauen Ihrer Belegschaft genießt. Welche Variablen sollten im Auge behalten werden?

Der Grad an produktiver Unbeschwertheit

Nichts ist meiner Erfahrung nach im beruflichen Kontext so erfüllend wie ein »Flow«-Zustand, der einen im übertragenen Sinne Zeit und Raum vergessen lässt und extreme Konzentration mit unbeschwerter Offenheit aller Sinne kombiniert. Schafft es Ihr Team Ihrer Wahrnehmung nach, diesen Zustand möglichst oft zu erreichen und über einen längeren Zeitraum zu halten? Dann läuft es schon ziemlich gut bei Ihnen. Wenn dieser Flow hingegen kaum oder niemals eintritt und eine nervöse Zurückhaltung mehr Regel als Ausnahme darstellt, sollten Sie sich (wieder) intensiver mit den weiter oben beschriebenen Gegenmaßnahmen beschäftigen.

Ehrliches Wir-Gefühl

Wie oft reden Ihre Mitarbeiter tatsächlich in der Wir-Form? Und in welchem Kontext – positiv/stolz/verstärkend oder negativ/abwertend/relativierend? Vorsicht: Um hier ein gesundes Maß zu finden und zu etablieren, sollten Sie selbst das »wir« nur verwenden, wenn Sie auch tatsächlich »wir« meinen. Nicht etwa so: »Da müssen wir den Gürtel enger schnallen!«, »Wir haben alle unser Päckchen zu tragen« oder »Wie geht es uns denn heute?« Sie verstehen, was ich meine?

Spontanes Problemlösungs-Engagement

Jeden Tag werden wir mit Problemchen, Problemen, Rückschlägen, Umwegen oder Ähnlichem konfrontiert – unabhängig davon, wie sehr wir unseren Tagesablauf auch durchstrukturieren und einen Plan B in der Hinterhand haben. Wenn Ihr Team vor diesen Hindernissen wie eine Schafherde vor einem umgekippten Futtertrog stehen bleibt, sollten Sie sich wieder mehr mit dem Aspekt der psychologischen Sicherheit auseinandersetzen. Krempelt hingegen innerhalb weniger Sekunden irgendjemand die Ärmel hoch und packt das Problem an der Wurzel – und folgt der Rest der Belegschaft ihm unmittelbar nach, können Sie sich wieder selbst ein wenig auf die Schulter klopfen.

Dauerbrenner Eifersucht – den Abwerbeversuchen der Konkurrenz wirksam entgegenwirken

Sie nehmen es seit geraumer Zeit sicherlich selbst wahr: Der Wettbewerb um die besten Fachkräfte hat sich von einem relativ fairen Boxkampf mit festen Regeln zu einer wüsten Hinterhofschlägerei entwickelt. Dementsprechend ziehen Ihre Konkurrenten auf dem Personalmarkt nicht mehr nur alle Register – sondern prügeln schon fast mit dem Vorschlaghammer auf die Tastatur. Und tatsächlich nimmt der Druck gerade auf die Arzt-, Facharzt- und Zahnarztpraxen zu, die einen hohen Grad an Mitarbeiterbindung und -loyalität aufweisen. Kein Wunder: Erstens arbeiten hier die qualifiziertesten und engagiertesten Fachkräfte, zweitens sind diese Nüsse am schwersten zu knacken. Weniger ambitionierte Praxisinhaber suchen sich lieber leichtere Beute, wer allerdings mit dem Rücken zur Wand steht, greift mittlerweile zu Methoden, die selbst hartgesottene Personalberater sprachlos zurücklassen.

Manche »hochinnovativen« Recruiting-Agenturen für den Gesundheits- und Medizinsektor werben inzwischen ganz offen damit, dass sie sich ausschließlich auf das Abwerben von Fachkräften aus anderen Arzt-, Facharzt- oder Zahnarztpraxen oder Kliniken spezialisiert haben. Diese gehen dann offensiv und ziemlich nassforsch direkt auf die Mitarbeiter zu, teilweise sogar, wenn diese gerade die Praxisräume verlassen haben und sich auf ihren Feierabend freuen. Die Praxisinhaber können dann quasi vom Fenster aus zusehen, wie ihren Fachkräften das Blaue vom Himmel versprochen wird. Was Sie in dem Augenblick dagegen machen können? Überhaupt nichts. Ich rate auch dringend davon ab, der eigenen Wut und Verzweiflung unmittelbar nachzugeben und die Betroffenen zur Rede zu stellen. Dies führt nur zu noch mehr bösem Blut und bringt Ihnen die wertvollen Mitarbeiter auch nicht mehr zurück.

Meine Empfehlung: Emotionen rausnehmen und Weitsicht walten lassen. Folgende Möglichkeiten stehen Ihnen zur Verfügung, um den aggressiven Abwerbemethoden vorzubeugen, ihnen entgegenzutreten – und eventuell auch im Nachhinein doch wieder die Mitarbeiter zurückzugewinnen.

Vorher offen über die Thematik sprechen

Natürlich bekommt Ihr Team die Zuspitzung am Arbeitsmarkt ebenfalls mit. Vielleicht wurden schon einzelne Mitarbeiter direkt angesprochen. Planen Sie dazu ein Meeting mit allen Mitarbeitern, eventuell in einer netten Location, und erläutern Sie die Problematik nüchtern und unemotional. Äußern Sie Ihr Verständnis dafür, dass die Angebote manche in Versuchung führen, gehen Sie aber auch darauf ein, dass immer mehr unseriöse Spieler auf das Recruiting-Feld stürmen und sich deren Versprechungen immer öfter in heiße Luft auflösen. Betonen Sie aber auch, dass Ihre Türen weiterhin offen stehen, selbst wenn ein Mitarbeiter in eine andere Praxis wechselt. Dieses »Boomerang Recruiting« etabliert sich mittlerweile als ziemlich effektive Strategie, um Personallücken möglichst schnell und unkompliziert wieder zu schließen. Wer schon einmal bei Ihnen tätig war, kennt alle Abläufe, arbeitet sich zügig wieder ein – und entpuppt sich nicht selten als wesentlich loyaler als zuvor.

Mitarbeiterbindung weiterführen/Austausch intensivieren

Grundsätzlich liegen Sie schon ziemlich weit vorn, wenn Sie die bisher aufgeführten Empfehlungen zur Mitarbeiterbindung berücksichtigt – und sich mit dem nachfolgenden Kapitel zum Thema Employer Branding auseinandergesetzt haben. Mitarbeiter, die sich wohlfühlen, psychologische Sicherheit wahrnehmen und Wertschätzung erfahren, sind relativ immun gegen platte Abwerbeversuche. Hier richten auch finanzielle Anreize wenig aus. Wenn Sie mitbekommen, dass Ihre Mitarbeiter gerade einem hohen Abwerbedruck ausgesetzt werden, wiederholen Sie das Info-Meeting und motivieren Sie auch Ihre Mitarbeiter selbst, sich Gedanken darüber zu machen, was in Ihrer Praxis noch besser oder harmonischer laufen könnte.

Beim Abschied keine verbrannte Erde hinterlassen

Wenn das Kind bereits in den Brunnen gefallen ist und ein Mitarbeiter Ihnen seine Kündigung überreicht, sollten Sie weiterhin unemotional reagieren. Wiederholen Sie Ihr Angebot, ihn jederzeit wieder einzustellen, und regen Sie an, weiterhin in Kontakt zu bleiben, wenn der Abgänger ansonsten gute Arbeit geleistet und sich stets loyal und integer verhalten hat. Auf diese Weise erfahren Sie eventuell, wie es in anderen Praxen aussieht und welche Aspekte Sie bei Ihren Mitarbeiterbindungsmaßnahmen verbessern, ausbauen oder korrigieren können. Sobald Ihr Ex-Mitarbeiter dann früher oder später vorsichtig bei Ihnen oder einem Mitglied Ihres Praxisteams abklopft, ob er wieder bei Ihnen anfangen kann, nehmen Sie ihn mit offenen Armen wieder auf – und tragen Sie ihm vor allem nichts nach. Vielleicht steht ja eine kleine »Willkommen zurück«-Feier an, die Ihrer Belegschaft eindrücklich vermittelt: Zu Hause ist es doch am schönsten!

Kapitel 4

EMPLOYER BRANDING – DIE RÜCKLAGE FÜR GUTE UND SCHLECHTE ZEITEN

»Es läuft doch super, warum sollte ich dann jetzt auch noch Zeit für Reklame oder ›Praxis-Posing‹ verschwenden, anstatt alle Energie in die Umsatzgenerierung und medizinische Versorgung meiner Patienten zu stecken?« Diese Frage habe ich zu Anfang meiner geschäftlichen Tätigkeit wirklich von vielen Praxisinhabern gehört, denen ich gerade erfolgreich geholfen hatte, neue, zuverlässige und motivierte Fachkräfte zu finden – und zu binden. Die Bereitschaft, sich direkt nach der dringend notwendigen Aufstockung der Belegschaft und der Schaffung einer angenehmen und inspirierenden Arbeitsatmosphäre erneut hochkonzentriert mit strategischer und konzeptioneller Denkarbeit zu beschäftigen, sinkt verständlicherweise auf null ab. Speziell, wenn die neuen Kollegen eingearbeitet werden müssen und die getätigten Investitionen sich endlich amortisieren sollen.

Tatsächlich äußerten sich nicht wenige Zahnärzte und Ärzte so oder ähnlich, die gerade eben in der Sprechstunde ihre Patienten informiert hatten, regelmäßig zu Vorsorgeuntersuchungen zu kommen oder ihre Gesundheits-Checks nicht zu vergessen. Aber um nichts anderes handelt es sich beim Thema Employer Branding: eine existenziell wichtige Vorsorgemaßnahme, die einfach nicht vergessen werden sollte – insbesondere nicht, wenn es gerade richtig gut läuft und man meint, sämtliche Bäume in der Nachbarschaft ausreißen zu können. Strategisches und auf die individuellen Rahmenbedingungen der jeweiligen Praxis ausgerichtetes Employer Branding schafft überhaupt erst die Basis, um jederzeit und ohne »Warmlaufphase« auf einen exklusiven Pool von interessierten Fachkräften zurückgreifen zu können. Zudem strahlt es auch positiv auf die Bestandsbelegschaft ab, die sich durch Ihre Maßnahmen bestätigt sieht, in einer angesehenen Praxis und mit tollen Kollegen und Vorgesetzten zu arbeiten (zu Synergie-Effekten im Bereich »Mitarbeiterbindung«, siehe vorheriges Kapitel).

Employer Branding ist keine Raketenwissenschaft

Vorweg erst einmal eine Entwarnung: Um erfolgreich ein stimmiges und überzeugendes Employer Branding zu entwickeln, zu etablieren und kontinuierlich auszubauen, sind glücklicherweise keine Kenntnisse in Raketenwissenschaften erforderlich. Auch müssen Sie nicht noch im Fachbereich Marketing promovieren, um als Praxisinhaber in Ihrer Region für potenzielle Mitarbeiter dauerhaft präsent und attraktiv zu werden und zu bleiben. Nichtsdestotrotz müssen wir uns nachfolgend mit ein paar Grundlagen beschäftigen, die für das Verständnis der zugrunde liegenden Wirkzusammenhänge erforderlich sind. Weiterhin möchte ich aber auch mit einigen Mythen und Missverständnissen aufräumen, denen ich im Rahmen meiner Beratungs- und Konzeptionstätigkeit immer wieder begegnet bin.

Fangen wir direkt mit dem englischen Fachbegriff »Employer Branding« an. Obwohl »Brand« darin vorkommt, geht es im

Allgemeinen nicht darum, eine »fancy« Marke zu schaffen, die sich innerhalb kürzester Zeit bei der hippen und kaufwütigen Zielgruppe der Influencer durchsetzt. Unternehmen schaffen mit ihrer Employer Brand keine Produktmarke für ihre Käuferzielgruppe, sondern wenden sich explizit an aktuelle und zukünftige Job-Interessenten. Diese haben gänzlich andere Erwartungen und Aufmerksamkeitsschwerpunkte als die Konsumenten. Nichtsdestotrotz darf die Produktmarke keine grundsätzlich andere Sprache als die Arbeitgebermarke sprechen. Die Vorgaben des Unternehmensauftritts und der Kommunikationsstrategie gelten verbindlich für beide Bereiche. Ihr fachliches, unternehmerisches und charakterliches Alleinstellungsmerkmal liegt beiden Brands zugrunde. Lediglich die zweckgebundenen Ausprägungen und Detaillierungen unterscheiden sich.

Tatsächlich sorgt ein sorgfältig erarbeitetes und entsprechend überzeugendes Employer Branding immer wieder dafür, dass hochqualifizierte Fachkräfte ihre Arbeitsstelle wechseln. Dieser Schritt stellt immer einen echten Kraftakt dar, selbst für Angestellte, die in ihrer aktuellen Anstellung unzufrieden sind und bereits länger mit dem Gedanken spielen, den Arbeitgeber zu wechseln. Nicht selten werden sie aber von einem regelmäßig unterschätzten Trägheitsmoment davon abgehalten, ihre vermeintliche Komfortzone zu verlassen und in die Aktivität zu gehen. Der Entschluss, eine unbefriedigende oder sogar belastende Arbeitsstelle zu verlassen und sich Ihnen und Ihrem vertrauensvollen Team anzuschließen, entspringt also der Sogwirkung Ihres erfolgreichen Employer Brandings.

Im Gegensatz dazu stehen die aktiven Abwerbeversuche von Konkurrenten, die nicht auf einem Vertrauensfundament und der positiven Ausstrahlung einer Praxis beruhen, sondern primär auf finanziellen Anreizen – und reinen Versprechungen, die in den seltensten Fällen dann auch der

Wahrheit entsprechen. In letzter Zeit erfahren wir wieder öfter von Abwerbe-Aktionen – nicht nur von vereinzelten investorengetragenen Medizinischen Versorgungszentren (iMVZ), sondern mittlerweile auch vermehrt von inhabergeführten Einbehandler- und Mehrbehandlerpraxen, sowohl in Städten/Ballungsräumen als auch auf dem Land. Die dahinterstehende Motivation – oder sogar Verzweiflung – ist vollkommen nachvollziehbar, die Methoden hingegen überschreiten inzwischen deutlich die Grenzen der Fairness und des guten Miteinanders. Diese destruktive und unangenehme Flanke schließen Sie aber mit einem gut durchdachten und konsequent umgesetzten Employer Branding!

Die Bedeutung von Bewertungsportalen

Vielleicht beschäftigen Sie selbst oder ein Mitarbeiter Ihres Vertrauens sich schon seit geraumer Zeit mit jameda, dem Portal für Patientenbewertungen. Das Feedback von echten Patienten stellt mittlerweile ein wichtiges Entscheidungskriterium für Menschen dar, die sich für unterschiedlichste Produkte, Services und medizinische Leistungen interessieren. Aber kennen Sie auch schon die Bewertungsplattform Kununu? Hier können aktuelle oder ehemalige Beschäftigte ihre Arbeitgeber anonym bewerten. Zwar ist auch Kununu nicht vor Fake-Bewertungen gefeit, wie man in einigen Jura-Portalen von Anwälten erfahren konnte, die im Auftrag des (in aller Regel schlecht bewerteten) Unternehmens regelmäßig von der Plattform Beweise für die Echtheit der Reviews einfordern. Nichtsdestotrotz findet man auf Kununu immer wieder sehr schöne Beweise für das Auseinanderklaffen von blumig und politisch korrekt formulierten Unternehmens- und Arbeitgeber-Selbstbeschreibungen – und der unerfreulichen Wirklichkeit. Wer sich verantwortungsvoll, nachhaltig, ökologisch und sozial engagiert in der Öffentlichkeit darstellt, tatsächlich aber seine Mitarbeiter schlecht behandelt, setzt nicht nur seinen – vielleicht durch hervorragende Produkte und überzeugende Services unterfütterten – guten Ruf aufs Spiel, sondern riskiert auch, keinen Personalnachwuchs mehr rekrutieren zu können. Dementsprechend darf kein »Gap« zwischen Ihrem Ruf als guter Arzt und Ihrem Employer Branding vorhanden sein – oder möglicherweise entstehen.

Authentizität, Glaubwürdigkeit, Branchen-Standing, Abwerbe-Prophylaxe

Wir wissen, dass Ihr Alleinstellungsmerkmal einen elementaren Baustein Ihres erfolgreichen Employer Brandings als Inhaber einer Arzt-, Zahnarzt- oder Facharztpraxis darstellt. Tatsächlich gehören aber noch einige andere Aspekte zum Themenbereich Employer Branding dazu, die oft übersehen oder als selbstverständlich und/oder zu banal empfunden werden.

Wir haben immer wieder erlebt, dass Praxisinhaber mit uns in Kontakt traten, weil sie zwar schon ein solides und passendes Alleinstellungsmerkmal entwickelt hatten (oder entwickeln ließen), das sich aber dann überhaupt nicht wie erwartet und gewünscht auf das Employer Branding auswirkte. Leider mussten wir dann feststellen, dass die bereits durchgeführten Maßnahmen zum Employer Branding nicht aus einem integrativen Ansatz heraus entwickelt, sondern als alleinwirksames Wundermittel ohne Berücksichtigung/Optimierung/Ausrichtung der alltäglichen Praxisabläufe und Strukturen eingesetzt wurden.

Ein Alleinstellungsmerkmal – so sorgfältig es auch abgeleitet und definiert wurde – ist aber kein Einzelkämpfer, sondern kann im Employer Branding seine Wirkung nur im Teamkontext entfalten. Dementsprechend benötigt Ihr Alleinstellungsmerkmal ein Team, das sich gegenseitig ergänzt und stützt. Beschäftigen wir uns daher jetzt mit zwei weiteren, nicht weniger erfolgskritischen »Spielern«: Glaubwürdigkeit und Branchen-Standing.

Glaubwürdigkeit

Stichwort »Schein und Sein«: Extrem kritisch wirkt sich ein Delta zwischen Ihrem professionellen Selbstverständnis als Mediziner, Arbeitgeber und Vertrauensperson Ihrer Patienten und Mitarbeiter und dem tatsächlich wahrgenommenen Bild in der Öffentlichkeit und unter Ihren Kollegen aus. Die Begriffe »Authentizität« und »Glaubwürdigkeit« beschreiben eigentlich eine identische Eigenschaft, die sich marketingtechnisch hervorragend aufbauschen lässt. Nichtsdestotrotz genügen aber auch ein paar altbewährte und einfache Merksätze, um den eigenen »Glaubwürdigkeitsquotienten« auf ein wirkungsvolles Niveau zu bringen, dort zu halten und kontinuierlich zu verbessern:

Sagen Sie, was Sie tun, und tun Sie, was Sie sagen

Einfacher kann man meiner Meinung nach das Thema Glaubwürdigkeit nicht in einem Satz zusammenfassen. Das »Sagen« bezieht sich dabei nicht nur auf die mündliche Kommunikation, sondern eben auch auf alle Kanäle, die Sie und Ihr Praxisteam bespielen. Was Sie tun und sagen, sollte dabei auch nicht weichgespült werden in der Absicht, keine Angriffsfläche zu bieten. Sie können es nicht allen recht machen. Irgendjemand ist immer anderer Meinung, egal, was Sie sagen oder tun. Stehen Sie aber hinter Ihren Handlungen und kommunizieren Sie diese unmissverständlich und frühzeitig! Dann gelten Sie als verlässlicher Akteur, der seinen Mantel nicht nach jedem Wind dreht.

Treffen Sie Entscheidungen

Schauen wir in die Politik oder betrachten wir die »Spitzen-Entscheider« der Wirtschaft, fällt auf, dass eigentlich immer weniger entschieden wird. Und wenn tatsächlich einer Entscheidung nicht mehr ausgewichen werden kann, stellt das Resultat nicht selten einen unnötig laschen und wirkungslosen Kompromiss dar, der nicht mehr das Potenzial aufweist, überhaupt noch einen tatsächlichen Effekt zu erzielen. »Wer nichts macht, macht auch keine Fehler.« Stimmt, aber er verschwindet früher oder später auch in der Unsichtbarkeit – und dann in der verdienten Versenkung. Schieben Sie also notwendige Entscheidungen nicht auf die lange Bank.

Branchen-Standing

Auf den ersten Blick scheint dieser Punkt fast deckungsgleich mit den Begriffen »Glaubwürdigkeit« und »Authentizität« zu sein. Auf den zweiten, sorgfältigeren Blick zeigen sich doch kleine, aber feine Unterschiede. Um innerhalb Ihrer Fachrichtung und in Ihrem regionalen Einzugsgebiet eine vertrauensvolle Positionierung zu entwickeln, die sich auch positiv auf Ihr Employer Branding auswirkt, sollten Sie zu allen Kolleginnen und Kollegen, deren Praxispersonal sowie Ihren Zulieferern und Dienstleistern ein gutes Verhältnis unterhalten. Behandeln Sie Wettbewerber nicht als lästige Konkurrenten, sondern freundlich und zuvorkommend. Reden Sie auch hinter vorgehaltener Hand nicht schlecht über Fachkollegen und deren Teams. Erfahrungsgemäß sickert immer was durch – und weiter zu den Betroffenen. Diese Äußerungen vergiften das gesamte Netzwerk und kommen wie ein rasiermesserscharfer Bumerang früher oder später zu Ihnen zurück. Üblicherweise dann, wenn Sie es am allerwenigsten gebrauchen können.

Gleichzeitig sorgt ein glaubwürdiges – und durch entsprechendes Handeln unterfüttertes – Employer Branding auch als Prophylaxe gegen Abwerbeversuche, da sich Ihre Mitarbeiter bei Ihnen gut aufgehoben fühlen und Ihnen vertrauen. Um diese Vertrauens-Brandmauer erfolgreich einzureißen, müssen sich die Abwerber wirklich was einfallen lassen. Die üblichen Lockmittel zeigen bei einem Praxisteam, das sich blind vertraut, erfahrungsgemäß kaum Wirkung.

Steter Tropfen schärft das Employer Branding

Sie haben es wahrscheinlich schon geahnt: Sämtliche aufgeführten Maßnahmen entwickeln ihre volle Wirkung nur, wenn sie nach der Konzeptions- und Initialisierungsphase regelmäßig gefüttert und gepflegt werden. Sie raten Ihren Patienten ja auch nicht, sich nur einmal zu bewegen oder aus dem Stand einen Marathon zu laufen. Ebenfalls verlängert einmaliges Zähneputzen auch nicht das Leben der Zähne Ihrer Patienten, sondern nur kontinuierliche Pflege. Dementsprechend sollten Sie von Beginn an entsprechende Kapazitäten einplanen – nicht nur für die regelmäßige »Auffrischung«, sondern auch bereits für die dafür notwendige Qualifizierung und Weiterbildung.

Vielleicht werden Sie gezwungen sein, sich am Anfang selbst um zahlreiche Aufgaben zu kümmern, die sich aus den Anforderungen der Mitarbeitergewinnung, der Mitarbeiterbindung und des Aufbaus eines authentischen, sympathischen – und vor allem wirkungsvollen – Employer Brandings ergeben. Diese Zusatzbelastung können und wollen Sie aber nicht dauerhaft auf sich nehmen, selbst wenn sie Ihnen anfangs ziemlich viel Freude bereitet und neue Perspektiven auf altbekannte Themenbereiche eröffnet. Sie kümmern sich ja auch nicht um die Terminplanung, drucken Rezepte selbst aus oder wischen morgens die Praxis durch. Um die notwendige und erfolgskritische Kontinuität in Ihr Employer Branding zu integrieren, bieten sich Ihnen zwei Alternativen.

Variante 1: Employer Branding in Eigenregie

Wenn Sie keine personellen Ressourcen schaffen, die sich langfristig um diesen Aufgabenkomplex kümmern, werden Sie früher oder später an Ihre Belastungsgrenzen stoßen und sich Ihre gut gemeinten Bemühungen in wirkungslose »Lost Places« verwandeln. Im besten Falle entfachen diese Maßnahmen keine Wirkung und verbrauchen keine finanziellen Ressourcen mehr, im schlechtesten Falle verbrennen sie regelmäßig Geld. Die Anfangsinvestition ist dann ebenfalls komplett verpufft.

Variante 2: Externes Employer Branding

Haben Sie sich hingegen entschieden, mit einem Partner wie uns zusammenzuarbeiten, fällt für Sie und Ihr Praxisteam tatsächlich nur ein wenig Abstimmungsarbeit am Anfang des Employer-Branding-Prozesses an. Gemeinsam mit Ihnen legen wir Ihre Einzigartigkeit als Praxis frei – und bauen darauf dann in bewährter Vorgehensweise die erforderlichen Maßnahmen auf. Auch die regelmäßigen Justierarbeiten übernehmen wir komplett. Ihnen bleibt dann nur noch, die Früchte Ihrer individuellen Employer-Branding-Strategie zu ernten.

Employer Branding – Zusammenfassung

Zum Ende dieses Kapitels möchte ich noch einmal die enorme Bedeutung eines authentischen und wirkungsvollen Employer

Brandings betonen – auch auf die Gefahr hin, dass ich mich wiederhole oder Sie sogar langweile. Tatsächlich war »Employer Branding« eines der Themen, die bei meinen Gesprächen mit Ärzten, Fach- und Zahnärzten das meiste Stirnrunzeln oder skeptische Blicke hervorriefen. »Das ist doch nur was für Großkonzerne, die eine eigene Personalabteilung haben!«, »Employer Branding kann ich mir nicht leisten, ich muss mich doch um meine Mitarbeiter und Patienten kümmern!«. Diese und ähnliche Einwände kamen immer wieder zur Sprache – zusammen mit den Kommentaren aus der Einleitung dieses Kapitels. Und unter uns: Ich kann sie absolut nachvollziehen. Nichtsdestotrotz stellt Ihr Employer Branding die Heimatbasis Ihrer Anstrengungen zur Mitarbeiterbindung und -gewinnung dar. Ohne diese Grundlagenarbeit fehlt der rote Faden – und gleichzeitig das Dach und das Fundament für alle notwendigen und abgeleiteten Maßnahmen.

Die gute Nachricht: Sie erarbeiten sich einen wirklichen und dauerhaften Vorsprung gegenüber Ihren Mitbewerbern, den Sie gerade in herausfordernden Zeiten ausspielen und wertschätzen können. Nehmen Sie unsere Expertise direkt von Beginn an in Anspruch, entfällt für Sie auch der regelmäßige Aufwand, um Ihren Vorsprung zu sichern und weiter auszubauen. Employer Branding ist eine Ausdauer- und keine Sprint-Sportart. Zwar kommen Sie bei einer Pause schneller wieder in »Wettkampfform«, als wenn Sie überhaupt kein Employer Branding betrieben hätten. Dennoch müssen Sie ein gewisses Niveau erreichen und halten, um nicht hinter Ihre Wettbewerber zurückzufallen. Auch – und gerade – wenn es bei Ihnen richtig gut läuft und Sie Ihr Dream-Team gefunden haben. Diese Aufgabe übernehmen wir gerne, während Sie sich wieder voll und ganz um Ihre Mitarbeiter und Patienten kümmern können.

Kapitel 5

MITARBEITERGEWINNUNG – DIE VORGEHENSWEISE

08/15 bringt nichts

Sie haben es schon geahnt: Mit simplem Copy-and-paste kommt man hier nicht weiter. Vielmehr bietet sich ein eigens entwickeltes, einzigartiges und bewährtes Grundgerüst an, das dann sehr individuell an die jeweiligen Rahmenbedingungen angepasst werden kann und Schritt für Schritt zum vereinbarten Ziel führt. Dementsprechend verbuchen auch die Anpreiser verschiedenster automatisierter »Funnel-Strategien« eher bescheidene Erfolge – und müssen ihre hochgradig standardisierten Vorgehensweisen teilweise wie sauer Bier anbieten, um ihre eigenen Umsatzziele wenigstens ansatzweise zu erreichen. Falls Sie den Begriff »Funnel« im Marketing/Recruiting-Kontext noch nicht kennen: Den Funnel (Trichter) füttern Sie am breiten Ende mit einer wenig vorqualifizierten, aber quantitativ interessanten Menge an Bewerbern und filtern dann in aufeinanderfolgenden Schritten immer mehr unpassende Kandidaten heraus, bis irgendwann nur noch die Rosinen übrig bleiben. Dieser Pipeline-Ansatz funktioniert in verschiedenen Branchen, qualifiziert Interessenten für unterschiedlichste Produkte oder Services über Touchpoints und wirft am Ende zahlende Kunden oder sogar enthusiastische Markenbotschafter aus dem engen Ende des Trichters.

So weit, so gut. Nichtsdestotrotz habe ich im Laufe meiner Beratungstätigkeit für Arzt-, Facharzt- und Zahnarztpraxen die Erfahrung gemacht, dass vorgefertigte 08/15-Ansätze, die von pseudodynamischen und hyperaktiven Junior Consultants vorgetanzt werden, dramatisch erfolglos an den tiefer liegenden Bedürfnissen und Herausforderungen vorbeirauschen, denen Praxisinhaber, Personalverantwortliche und medizinische Fachkräfte gegenüberstehen. Angesichts der Investitionen, die auf dem Spiel stehen, und der Verantwortung, die Praxisinhaber heute tragen, ist diese »Hoppla, jetzt komm ich«-Methode einfach unangemessen und teilweise sogar unanständig. Sicherlich arbeiten wir auch mit etlichen, umfassend bewährten Prozessen und Analysemethoden. Diese passen wir aber immer und ohne Ausnahme sehr individuell und sorgfältig an die jeweiligen Gegebenheiten der jeweiligen Praxis an. Im Ergebnis gleicht keine unserer Empfehlung einer anderen – und führt erfreulicherweise regelmäßig zu einer wirklich beeindruckenden Erfolgsquote. Ein unersetzlicher Aspekt dabei ist die psychologisch fundierte Vorgehensweise.

Ohne Psychologie läuft nichts

Auf die Entstehung der Psychologie als eigenständige Wissenschaftsdisziplin und die Entwicklung verschiedener Schulen Ende des 19. Jahrhunderts folgte sehr schnell die Herausbildung einer expliziten Verkaufspsychologie. Kein Wunder, die Menschen setzen besonders gerne und zügig neue Methoden, Sichtweisen und Herangehensweisen ein, um ihren Umsatz und Gewinn zu steigern. Verkaufspsychologie gehört immer noch zu den Untergruppen der Psychologie, die im Wirtschaftskontext am meisten beachtet und entsprechend oft nachgefragt und gegoogelt wird. Beschäftigen wir uns also zuerst mit der Herangehensweise von einigen selbsternannten Recruiting-Experten, die die verkaufspsychologischen Erfahrungen ihres Vertriebs-Backgrounds eins zu eins auf das Ziel der Gewinnung neuer Mitarbeiter übertragen. Tatsächlich ist diese Sales-fokussierte Vorgehensweise nicht nur komplett untauglich, sondern liefert auch regelmäßig Ergebnisse, die über kurz oder lang eine sorgfältig erarbeitete und gepflegte Arbeitsatmosphäre in Ihrer Praxis gefährden oder ruinieren können. Die Gründe hierfür liegen eigentlich sehr klar auf der Hand, wenn man sie aus der richtigen Perspektive betrachtet.

Es geht nicht darum, Kunden oder Käufer zu gewinnen

Tritt man mit einem ausgewiesenen Vertriebs-Mindset an das Thema Recruiting heran, gerät man ziemlich schnell auf die falsche Fährte. Man wendet sich dann nicht mehr an Personen, die aufgrund ihrer Qualifikation und ihres Charakters ins Team passen. Über die Federführung von Verkäufern begibt man sich vielmehr auf die Suche nach Konsumenten, die bestenfalls überzeugt, schlimmstenfalls überredet werden sollen, eine bestimmte Position anzutreten.

»Abverkauf/Lagerräumung« ist keine nachhaltige Recruiting-Strategie

Befindet man sich als Unternehmen im Allgemeinen – und als Arzt-, Facharzt- oder Zahnarztpraxis im Besonderen – bereits in einer brenzligen Personallage, erwecken manche

Personalagenturen mit hektischem Aktionismus die Hoffnung, doch noch das Ruder herumreißen zu können. Dies funktioniert im Einzelhandel immer noch hervorragend, wenn Artikel der letzten Saison die Regale verstopfen, übrig gebliebene Über- und Untergrößen an den Mann/die Frau/das Kind gebracht werden müssen oder es einfach nur um die Durchsetzungsfähigkeit am Markt geht und selbst defizitäre Gewinnmargen akzeptiert und einkalkuliert werden. Im Retail-Kontext haben diese Strategien also durchaus ihre Berechtigung. Bei der Besetzung wichtiger und existenzrelevanter Positionen in Arzt-, Facharzt- und Zahnarztpraxen gelten hingegen vollkommen andere Prioritäten. Es kommt nicht darauf an, irgendeine Person an Land zu ziehen, dann mit einem beliebigen Jobtitel zu versehen, »Vollzug« zu rufen und den Lauf der Stoppuhr zu beenden.

Nachdem wir nun herausgefunden haben, dass sich Verkaufspsychologie nicht nur nicht für das Finden und Binden qualifizierter und motivierter Mitarbeiter für eine Arzt-, Facharzt- oder Zahnarztpraxis eignet, möchte ich noch ein paar Worte zu den psychologischen Flickenteppichen mancher Personalberater verlieren.

So tun, als ob statt wissenschaftlich fundierter Psychologie

Leider ist das Thema Fachkräftemangel im Bereich der Arzt-, Facharzt- und Zahnarztpraxen zu wichtig, um über die dilettantischen Vorgehensweisen und Selbstbeweihräucherungen von einigen HR-Beratern, Personalagenturen und »Recruiting-Experten« geflissentlich hinwegzusehen und lediglich zu hoffen, dass der Markt früher oder später alles regelt. Sicherlich fahren diese Möchtegern-MFA/ZFA-

Flüsterer irgendwann mit ihrer Kurpfuscherei ungebremst an die Wand. Nichtsdestotrotz besteht aber vorher noch ein erhebliches Risiko, dass unter den betroffenen Praxen und Job-Kandidaten nicht wiedergutzumachender Schaden angerichtet wird.

Gerade in letzter Zeit beobachte ich verstärkt, dass Mitbewerber, von denen andere langjährige Marktteilnehmer und ich vorher noch nie etwas gehört haben, mit Webseiten online gehen, deren Inhalte mehr schlecht als recht kopiert wurden. Insbesondere die Texte und Abschnitte, die unsere psychologisch basierte und tatsächlich hundertfach bewährte Methodik beschreiben, werden grammatisch ein wenig durcheinandergewürfelt, Begriffe durch Alternativen aus der Google-Suche oder dem Word-Thesaurus ersetzt und dreist veröffentlicht. Wer sich die Texte dann aufmerksam durchliest, stolpert schnell über holprige Formulierungen, fehlende sachliche Zusammenhänge, auseinandergerissene Bezüge und Schlussfolgerungen, die sich logisch nicht ergeben. Schaut man dann auch auf die Tonalität, wirkt sie merkwürdig gekünstelt, manchmal ein wenig infantil, sie weist Füllwörter auf, die keinen Sinn ergeben, oder enthält redundante Nebensätze. Diese Indizien weisen darauf hin, dass der vermeintlich psychologisch fundierte Ansatz bei der Gewinnung neuer Fachkräfte vielmehr auf dem Prinzip »Versuch und Irrtum« beruht oder überhaupt nicht vorhanden ist. Vielmehr werden Versatzstücke von anderen Seiten, aus oberflächlichen Google-Suchen, dem Studium von Infobroschüren der Wettbewerber und anderen Quellen mit heißer Nadel zusammengenäht, um den Eindruck jahrelanger und erfolgreicher Praxis im Bereich des Fachkräfte-Recruitings zu erzeugen.

Unerfreulicherweise zeigen sich diese Defizite oft erst, wenn schon viel Geld und Zeit in diese Potemkin'schen Dörfer investiert wurde. Mein diesbezüglicher Tipp: Geben

Sie sich nicht mit Oberflächlichkeiten zufrieden, die auf Sie ein wenig fadenscheinig wirken. Haken Sie nach, gehen Sie in die Tiefe. Dann können Sie sicher sein, dass Sie es mit einem Profi zu tun haben. Als Arzt würden Sie ja auch niemanden an den Stuhl lassen, der Ihnen lediglich ein paar einschlägige Fachbegriffe vor die Füße wirft und ansonsten einfach darauf besteht, ein anerkannter Experte zu sein.

Tatsächlich kann es bei einer wichtigen Stelle im Einzelfall auch etwas länger dauern, bis die perfekt passende Person gefunden wird. Geht man psychologisch richtig vor, wird sich aber früher oder später (in der Regel früher beziehungsweise sehr zeitnah) ein »Perfect Match« ergeben. Der Erfolg ist erfahrungsgemäß unausweichlich, wenn die richtigen Weichen gestellt und die richtige Perspektive eingenommen werden.

Raus aus der Vergleichbarkeit!

Gestatten Sie mir, mal ausnahmsweise meine Stimme etwas zu erheben: Das Ausrufezeichen hinter der Überschrift soll nämlich die extreme Bedeutung dieser dringenden Empfehlung unterstreichen. Ansonsten bin ich eher ein Freund der subtilen Kommunikation, die Gründe dafür erläutere ich im weiteren Verlauf dieses Kapitels. Tatsächlich gibt es kaum einen Fehler im Recruiting für Arzt-, Facharzt- und Zahnarztpraxen, der sich fataler auf die Qualität und Quantität der eingehenden Bewerbungen auswirkt als Vergleichbarkeit – wenn sie nicht sogar die Initiative fachlich und menschlich passender Kandidaten komplett verhindert.

Verstehen Sie mich aber bitte nicht falsch: Natürlich müssen Sie und Ihre Praxis sichtbar und wahrnehmbar werden. Ein Vergleich: Wenn Sie mit einem dunklen Regenschirm und einem dunklen Anzug in Frankfurt am Main im Dreieck aus westlicher Innenstadt, östlichem Bahnhofsviertel und südlichem Westend, dem inoffiziellen Bankenviertel der Main-Metropole, bei Regen auf die Straße treten, sind Sie zwar rein technisch sichtbar – werden aber angesichts Ihrer fast identisch gekleideten Mitmenschen nicht mehr als Individuum wahrgenommen, sondern eher mit einem Gattungsbegriff abgefrühstückt.

Ähnlich ergeht es Ihnen als Praxisinhaber, wenn Sie ins gleiche Horn wie Ihre zahlreichen Mitbewerber stoßen. Dies wäre zum Beispiel der Fall, wenn Sie es den anderen Akteuren auf dem Markt für Praxispersonal gleichtun und sich an den Hunderten und Tausenden von stereotypischen Inseraten orientieren, die bei Kammern, Arbeitsämtern, Bildungseinrichtungen, in Zeitungen, Stellenportalen und Special-Interest-Medien geschaltet werden. Schneller bekommen Sie Ihre Bullshit-Bingo-Karte für Stellenanzeigen-Phrasen nicht gefüllt. Um wahrgenommen und von Ihren Wettbewerbern klar und eindeutig unterschieden werden zu können, müssen Sie also einerseits mit den Ergebnissen aus Ihrem Employer-Branding-Prozess in die Öffentlichkeit treten – und andererseits diese authentisch, subtil und ohne Marktschreierei kommunizieren.

Bitte keine Marktschreierei!

Wenn ich in Gesprächen mit Inhabern von Arzt-, Facharzt- und Zahnarztpraxen auf kommunikative Subtilität und das Vermeiden aktiver Abwerbung poche, stoße ich ab und an auf Stirnrunzeln. Mir wird dann entgegengehalten, dass man natürlich nicht wie Aale-Dieter auf dem Hamburger Fischmarkt bis an die Grenze der Heiserkeit auf die Zielgruppe einzuwirken gedenke – aber nichtsdestotrotz befürchte, überhört zu werden, wenn man bezüglich Lautstärke und Tonalität nicht zumindest mithalten könne. Diese Sorgen sind absolut nachvollziehbar – aber eben nicht folgerichtig, wenn man psychologisch tiefer in die Materie eintaucht.

Heutzutage sind wir Tag für Tag mit einem extremen Überangebot an Information, Entertainment, Infotainment, Edutainment und sonstigen -tainment-Ableitungen konfrontiert, sobald wir unser Smartphone entsperren, unseren PC einschalten oder Medien konsumieren, die nicht durch eine Paywall gegen Werbung abgeschottet wurden. Dieser tägliche Tsunami an Impulsen wächst immer mehr an – ohne mehr Wirkung zu entfalten, ganz im Gegenteil. Experten gehen aktuell davon aus, dass jede Person mit 10.000 bis 13.000 Werbesignalen pro Tag konfrontiert wird. Unabhängig von Geschlecht, Alter und Background. Darin eingerechnet sind noch nicht die Impulse, die wir bewusst und aufgrund einer individuellen Entscheidung aufnehmen. Die sogenannte Werbeblindheit setzt bereits bei 3.000 bis 5.000 täglichen Impulsen ein.

Dementsprechend gilt das alte Reklame-Motto »Viel hilft viel« schon lange nicht mehr. Denn je intensiver wir mit Werbung – und dazu zählen eben auch Stellenanzeigen in Printmedien, online und in Social-Media-Kanälen – bombardiert werden, desto schneller haben wir die Wiederholungen einzelner Protagonisten satt. Im Laufe der Zeit baut sich dann nicht selten eine echte Aversion gegen die ewig gleiche Leier, die hochglanzpolierten und farbig übersättigten Heile-Welt-Geschichten auf, die mit viel Geld erstellte Stellenanzeige erzeugt am Ende dann nur noch mitleidigen Spott. Im Internet kursiert die sogenannte Sieben-Kontakte-Regel, die besagt, dass ein Interessent erst dann zum Käufer/Konsumenten wird, wenn mindestens sieben Kontaktanlässe »abgefahren« wurden. In standardisierten Marketing-Funnels für beliebige Produkte oder Dienstleistungen funktioniert diese Rechnung auch – wie bereits erwähnt. Aber eben nicht, um qualifizierte, unzufriedene Fachkräfte in Lohn und Brot auf sich aufmerksam zu machen.

Die Mitarbeiter, die Sie ansprechen wollen, verfügen bereits über eine gewisse Arbeits- und Lebenserfahrung. Dementsprechend wissen sie dann auch, dass die schönen Reden aus den Anzeigen und Postings nicht der Realität entsprechen. Oftmals sitzen sie gerade selbst in einer Anstellung fest, die sie aufgrund falscher Versprechungen angetreten haben, worauf sie mit dem unerfreulichen Alltag konfrontiert wurden. Diese entsprechend abgeklärten und ernüchterten Fachkräfte machen verständlicherweise sofort die Schotten dicht, wenn sie mit Reklame-Blabla, unrealistischen Zusicherungen aus dem vermeintlichen MFA-Paradies und so weiter überschüttet werden. In diese Kategorie fallen dann auch Benefits wie Top-Bezahlung, Urlaub, dessen Umfang weit über dem bekannten Durchschnitt liegt, Fahrtkostenerstattung, Mitgliedschaft in Fitnessstudios und Ähnliches. Auf diese Weise katapultieren Sie sich schneller ins Aus, als wenn Sie überhaupt nicht auf das Spielfeld getreten wären. Warum? Weil einerseits viele dieser Benefits mittlerweile als Standard und Selbstverständlichkeit vorausgesetzt werden. Die Fachkräfte kennen inzwischen ihren Wert und lassen sich nicht mehr mit Peanuts abspeisen. Andererseits sind diese Benefits in vielen Fällen auch völlig irrelevant, weil der Wechselwille in aller Regel nicht durch materielle Gründe, sondern durch immaterielle Defizite des bestehenden Arbeitsverhältnisses ausgelöst wird.

Authentizität geht nicht auf Anweisung

»Gefreiter Müller zwo, jetzt werden Sie mal gefälligst locker!«, brüllt der Ausbilder über den Exerzierplatz. Der Gefreite zeigt aber keine Anzeichen von Entspannung, ganz im Gegenteil. Wie denn auch, die Entspannung ist nicht intrinsisch motiviert, die Umstände deuten klar auf Druck und Zwang hin, Bestrafung und Sanktionen drohen, der sehnlichst erwartete Dienstschluss ist in weite Ferne gerückt.

Wenn Sie mit dieser Vorgehensweise Ihre Praxis, Ihr Team und sich selbst in die Öffentlichkeit pressen, nimmt Ihnen keiner ab, dass Sie eigentlich eine sehr angenehme Arbeitsatmosphäre pflegen, viel Wert auf die Meinung und die Perspektive Ihres Teams legen und mit Wertschätzung, Respekt und Empathie bei Patienten, Mitarbeitern, Lieferanten und Geschäftspartnern punkten. Stattdessen fällt eher die holzschnittartige Argumentation, die uninspirierte Aufzählung von Standardfloskeln und das aufgesetzte Lächeln aller Beteiligten auf. Viele Ihrer Mitbewerber sind schon in diese Falle getappt, tun Sie es Ihnen bitte nicht nach. Unnötiger und destruktiver Perfektionismus, die Befürchtung, Aspekte zu vergessen, die von der Konkurrenz aufgeführt werden, sowie die Überzeugung, dass Ecken und Kanten nichts im Außenauftritt der Arzt-, Facharzt- oder Zahnarztpraxis zu suchen haben, waren verantwortlich für das Verschwinden in der Masse und das Abwürgen echter und überzeugender Authentizität. Wie vermeidet man aber nun diese typischen und gefährlichen Stolperfallen?

Am Anfang steht die ehrliche Analyse des Ist-Zustands

Im Patientengespräch kommen Sie auch nicht weiter, wenn Sie mit der Diagnose hinterm Berg halten. Eine Therapie baut immer auf dem ungeschönten Status quo auf. Dies bedeutet nicht, dass Sie mit Ihrer Belegschaft zuerst einen maoistischen Schauprozess veranstalten müssen, in dessen Verlauf sich jeder theatralisch selbst beschuldigt und reuevoll um Vergebung bittet. Tatsächlich wiesen sehr viele Arzt-, Facharzt- und Zahnarztpraxen, mit denen ich dann zusammengearbeitet habe, einen vielversprechenden und ausbaufähigen Kern auf oder benötigten nur einige wichtige Impulse und Feedback-Runden, bevor man sich mit der eigenen Identität, dem Alleinstellungsmerkmal und dem abgeleiteten Kommunikationsstil anfreunden konnte.

Wir sind alle schon von vornherein einzigartig, die Herausforderung besteht eben darin, diese Einzigartigkeit zu erkennen, anzunehmen und proaktiv, subtil und authentisch zu kommunizieren. Wenn dann noch ein Augenzwinkern als Nebenprodukt abfällt und man sich nicht zu bierernst darstellt, ist man schon auf einem sehr guten Weg. Die gute Nachricht: Sie und Ihre Mitarbeiter müssen das Rad nicht neu erfinden oder viel Mühe und Zeit investieren, um den erwähnten Status quo herauszufiltern. Diese Arbeit nehmen wir unseren Kunden komplett ab.

Sie sind besser, als Sie denken – zeigen Sie's!

Wenn der Ist-Zustand nüchtern, aber wohlwollend analysiert wurde, geht es weiter mit der Ableitung Ihrer individuellen Recruiting-Strategie. Jetzt müssen Sie subtil, unaufdringlich und psychologisch fokussiert für Ihre Zielgruppe sichtbar werden. Dazu werden die Ergebnisse des Status quo in sympathische, überzeugende und anziehende »Trigger« umgewandelt.

Jede Arzt-, Facharzt- und Zahnarztpraxis, mit der wir zusammenarbeiten, hat ihren ganz eigenen Charakter, der sich aus einer Vielzahl von weichen und harten Faktoren zusammensetzt. Sie bewegen sich täglich in dieser – für Sie und

Ihr Team inspirierenden und angenehmen – Aura. Nichtsdestotrotz haben Sie sich die Eckpfeiler dieser Individualität vielleicht noch niemals bewusst gemacht. Tatsächlich fällt die wohlwollende, konstruktive und möglichst umfassende Selbstwahrnehmung extrem schwer und ist aus der Ich-/Wir-Perspektive fast unmöglich. Auf die Notwendigkeit einer externen Sichtweise gehe ich im nächsten Kapitel noch genauer ein.

Wenn wir unseren Kunden dann unseren Blick auf ihre besonderen Alleinstellungsmerkmale und die resultierenden Kommunikationsempfehlungen präsentieren, ernten wir regelmäßig echte Aha-Erlebnisse. Das Schöne daran ist, dass Ihnen diese Aspekte Ihrer Individualität niemand streitig machen kann. Denn sie leiten sich direkt aus Ihrer ureigenen »Praxis-DNS« ab und können selbst mit ungeheurem Aufwand nicht von anderen kopiert oder imitiert werden. Wer dennoch den Versuch antritt, wirkt im Vergleich zum Original unauthentisch und aufgesetzt.

Dies ist auch der entscheidende Grund dafür, dass Kopisten unserer Methode mit erstauntem, ungläubigem Blick immer wieder ungebremst gegen die Wand fahren. Sie haben nur die oberflächlich sichtbaren Aspekte der Herangehensweise unseres Unternehmens »abgepaust«, ohne die dahinter- und darunterliegenden Zusammenhänge und Vorarbeiten auch nur ansatzweise zu kennen oder zu verstehen.

Print-Stellenanzeigen, Arbeitsamt, Job-Portale? Vergessen Sie's!

Nachdem Sie nun einen echten Diamanten in den Händen halten – die aufs Wesentliche komprimierte, individuelle Anziehungskraft Ihrer Praxis –, gilt es, diesen genau den Menschen zu präsentieren, die Sie demnächst als neue, qualifizierte und hoch motivierte Mitarbeiter bei sich begrüßen möchten. Aber nun besteht auch ein erhebliches Risiko, diese wertvolle Botschaft einfach ins Nirwana der Beliebigkeit zu schleudern und die existenzielle Chance zu verspielen, die richtigen Personen im richtigen Moment mit den richtigen Signalen und in der richtigen Stimmung zu erreichen. Dementsprechend existieren zahlreiche Stolperfallen, falsche Abkürzungen und Sackgassen, die Ihnen noch in die Quere kommen können.

Ein wesentlicher Punkt sind die richtigen Kanäle. Und obwohl ich sehr viel Wert auf die Prüfung des Einzelfalls und die Einbeziehung individueller Gegebenheiten lege, kann ich mich doch zu einer Pauschalaussage hinreißen lassen: Vermeiden Sie auf jeden Fall die »klassischen« Wege, um eine Stellenanzeige in die Öffentlichkeit zu bringen. Lassen Sie die Job-Seiten der Tages- und Wochenzeitungen sowie Fachmagazine komplett außen vor, vergessen Sie die typischen Job-Portale, auch wenn diese aktuell versuchen, ihre Wirkungslosigkeit durch »hippe« Werbung zu kaschieren. Und ganz unten in die Mottenkiste packen wir bitte die Bemühungen der regionalen Arbeitsämter – selbst wenn sich diese mittlerweile »Agenturen für Arbeit« nennen. Deren verschlafene und grobgeschnitzte Vermittlungstätigkeiten waren schon sinn- und wirkungslos, als in Deutschland noch ein expliziter Arbeitgebermarkt herrschte. Auf diesem Kanal galt schon immer das Motto: »Die Hoffnung stirbt zuletzt.«

Jede Minute, jeder Cent, den Sie in gedruckte oder digitale Stellenportale investieren, um in fremdbestimmten Layouts und Rahmen neue Mitarbeiter zu gewinnen, ist für immer verloren. Diese Feststellung mag fatalistisch oder übertrieben klingen, sie entspricht aber leider der brutalen Wahrheit. Selbst wenn Sie mit der exakt für Sie passenden Tonalität und Sprache die Zeilen dieser – längst aus der Zeit gefallenen –

Medien füllen würden, könnten Sie erfahrungsgemäß keinen einzigen qualifizierten Kontakt generieren. Das ist leider die harte und unerbittliche Realität – die Ihnen aber insofern zugutekommt, als dass einige Ihrer Mitbewerber weiterhin darauf setzen. Sie können sich nun auf die wirklich sinnvollen und wirkungsvollen Kanäle und Maßnahmen konzentrieren.

Der sichere Weg zu menschlich und fachlich passenden Mitarbeitern

Schritt 1: Sichtbar werden

Ihr Ziel muss es sein, eine spezifische, zielgerichtete Omnipräsenz bei Ihrer Zielgruppe zu entwickeln. Die Betonung liegt auf »zielgerichtet«, denn Aufmerksamkeit der Aufmerksamkeit wegen zu erzeugen, bringt Ihnen keinen einzigen neuen Mitarbeiter. Welche Maßnahmen eignen sich nun konkret für dieses Ziel?

Social Media? Jein

Der Wirkungslosigkeit der klassischen Kanäle sind sich natürlich etliche Personalagenturen bewusst, die sich primär an Arzt-, Facharzt- und Zahnarztpraxen wenden. Wenn diese eher oberflächlich und ohne fundierte Kenntnisse eines sehr speziellen Markts vorgehen, wird umgehend die Social-Media-Karte gezogen und als Allheilmittel ohne Nebenwirkungen verkauft. Immerhin hängen die ganzen Millenials und Digital Natives doch den ganzen Tag am Smartphone oder Tablet und klicken sich durch Facebook, Instagram, TikTok, YouTube und Co. Wäre doch gelacht, wenn wir diese nicht mit ein paar Memes für uns begeistern können, oder? Nee, so läuft das leider nicht.

Warum präferieren manche Menschen bestimmte Soziale Medien - und andere nicht? Weil sich dort die Menschen bewegen, mit denen sie sich identifizieren, die sie inspirieren, zum Lachen bringen und auch andere Emotionen hervorbringen. Sobald in diesem »Wohnzimmer«, dieser »Intimsphäre« Kommunikationsimpulse wahrgenommen werden, die einerseits von außerhalb kommen und andererseits einem klaren kommerziellen oder Recruiting-Zweck dienen, werden sofort »Red Flags« aktiviert (also Alarmsignale - Sie erlauben mir diesen kurzen Ausflug in die aktuelle Jugendsprache) und die Aufnahmefähigkeit sinkt auf null. In diesem Kontext erzeugen Sie nur Unmut oder bestenfalls Ignoranz. Ziel verfehlt, Geld verschwendet.

Die Methode, einfach nur die bisher wirkungslose Stellenanzeige für Social Media zu adaptieren oder vermeintlich lustige oder hippe Memes daraus zu stricken, geht an den tatsächlichen Bedürfnissen, Erwartungen und Wünschen der anvisierten Zielgruppe zuverlässig komplett vorbei. Weiterhin tappt man auch wieder in die Vergleichbarkeitsfalle. Erfolgreich werden Sie nur, wenn Sie auch die psychologisch richtigen und zielführenden Register ziehen.

Schritt 2: Attraktivität als Arbeitgeber aufbauen

Kennen Sie den Chart-Stürmer von 1979 der One-Hit-Wonder-Formation The Buggles? »Video Killed the Radio Star« wurde zum Programmstart des amerikanischen Musiksenders MTV am 1. August 1981 ausgestrahlt und gilt somit als das erste »echte« Musikvideo überhaupt. Wie der Songtitel schon verrät, dreht sich der Text um den kometenhaften Siegeszug des bewegten Bildes im Musik-Business – und die Auswirkungen auf die Karrieren der Radiomoderatoren, die bis dato als alleinherrschende Türsteher des Chart-Erfolgs galten.

Eine ähnlich umwälzende Wirkung hat der Einsatz von Videos heute in der medialen Selbstdarstellung von Unternehmen aller Größenordnungen. Waren in den 1980er-Jahren und weit darüber hinaus Aufnahme, Schnitt und Nachbearbeitung von qualitativ überzeugenden Filmen – ob auf klassischem Zelluloid oder auf den Magnetbändern der Videokameras, der sogenannten Camcorder – mit viel technischem Aufwand und den entsprechenden Kosten verbunden, befinden sich heute in den Hosentaschen der Menschen handliche Gerätschaften, die selbst bei schlechten Lichtverhältnissen knackige Filme in 4K-Auflösung aufnehmen, speichern und editieren können.

Die Bereitschaft, sich mit reinem Text zu beschäftigen, sinkt mittlerweile rapide ab. Selbst Schulen, die letzten Verfechter der Wissensaneignung über konzentriertes Lesen (drängt sich Ihnen jetzt auch sofort ein gelbes, dünnes und abgegriffenes Reclam-Heft ins Kopfkino?), setzen immer mehr auf audiovisuelle Formate. YouTube hat sich nicht nur zur zweitgrößten Suchmaschine der Welt (neben Google) entwickelt, sondern ist auch zum größten Anbieter von wirklich verständlichen Bedienungsanleitungen angewachsen. Dementsprechend sieht man auch immer mehr Videos auf den Websites und Social-Media-Präsenzen von Arzt-, Facharzt- und Zahnarztpraxen. Den Schritt, sich nicht nur in Wort, sondern in Wort, Bild und Ton den Patienten – und natürlich auch den zukünftigen Mitarbeitern – zu präsentieren, begrüße ich vom Prinzip her vollumfänglich. Nichtsdestotrotz gibt es ein wichtiges »Aber«, das über Erfolg und Misserfolg dieser Kommunikationsmaßnahme entscheidet.

Video? Ja, aber ...

Wie bei den meisten Dingen kommt es auch bei der Konzeption, Produktion, Postproduktion und Veröffentlichung von Videos und anderen audiovisuellen Medien auf die Tragfähigkeit der dahinterstehenden Idee und die professionelle Umsetzung an. Ein Video zu drehen, nur um ein Video zu drehen, stellt noch keine ernst zu nehmende und erfolgreiche Vorgehensweise dar. Selbst wenn Sie einen interessierten und ambitionierten Mitarbeiter (»Ich hab' schon die Hochzeit meiner Schwester gefilmt und dann 25 Likes auf YouTube dafür bekommen!«) mit seinem Smartphone oder sogar einem semiprofessionellen Camcorder durch Ihre Praxis schicken, in alle Behandlungsräume reinzoomen und dann noch ein paar gestellte »O-Töne« einfangen lassen, haben Sie noch kein Ergebnis, das sich positiv auf Ihre Mitarbeitergewinnungsbemühungen auswirkt.

Noch wirkungsloser – oder sogar potenziell reputationsgefährdend – sind alberne Videoclips nach TikTok-Manier, in denen Mitarbeiter übertrieben fröhlich oder komplett durchgedreht durchs Bild kaspern. Sie gehen zudem das Risiko ein, in die bereits erwähnte Vergleichbarkeits-Falle zu tappen. Es bringt Ihnen überhaupt nichts, noch ein Filmchen ins Netz zu stellen, das mit uninspirierten und unnötigen Schwenks bei den Betrachtern Seekrankheit verursacht, nur die architektonischen Rahmenbedingungen einer Arzt-, Facharzt- oder Zahnarztpraxis dokumentiert und Mitarbeiter vor die Wahl stellt, aus dem Aufnahmebereich zu flüchten oder mit versteinertem Gesichtsausdruck nichtssagende Plattitüden von sich zu geben. Sie benötigen vielmehr eine Konzeption, die sich an Ihrem Employer Branding orientiert, Ihr Alleinstellungsmerkmal sympathisch - und vielleicht sogar ein wenig augenzwinkernd - transportiert und Ihre Mitarbeiter und Sie so authentisch wie möglich präsentiert.

Einem gut gemachten Video sieht man den Aufwand, die Vorarbeit und die Anzahl der fehlerhaften Takes idealerweise nicht an. Authentizität entsteht, wenn einerseits ein tragfähiges Konzept vorhanden ist, andererseits beim Dreh aber auch eine angenehme, inspirierende und offene Atmosphäre herrscht, um spontane Ideen und Anregungen einzubeziehen, niemand zu einem übertriebenen und unglaubwürdigen Statement gedrängt wird und alle Spaß bei der Sache haben.

Der Köder muss dem Fisch schmecken - der Fisch aber auch dem Angler

Ein weiterer, sehr wichtiger Aspekt beim Einsatz von Videos zur Mitarbeitergewinnung ist die unterschwellige, aber wirkungsvolle Integration der beabsichtigten Botschaft. In der Zusammenarbeit mit unseren Kunden finden wir zusammen schnell heraus, welche Persönlichkeiten und welche sozialen Kompetenzen überhaupt infrage kommen. Denn dieser Aspekt ist sehr oft viel wichtiger als die fachliche Eignung.

Wir haben uns ja bereits mit den negativen Konsequenzen beschäftigt, die durch Mini-Trumps und Ähnliche ausgelöst werden und im schlimmsten Fall Ihre Praxis in Schieflage bringen können. Senden Sie bei der Produktion eines Image- oder Recruiting-Videos unbewusst die falschen Signale aus, verfehlen Sie mindestens die avisierte Wirkung bei Ihren Traumkandidaten und locken schlimmstenfalls toxische Mitarbeiter an. Dementsprechend können Sie und Ihre Belegschaft noch so sympathisch wirken, den Praxisalltag in schillernden Farben malen und ein MFA/ZFA-Schlaraffenland in Kinoqualität aufnehmen – die endgültige Ausbeute der Mitarbeiter-Angeltour wird höchstwahrscheinlich nur aus knorpeligen Raubfischen und ungenießbarem Beifang bestehen. Um ein wirkungsvolles und überzeugendes Recruiting-Video zu konzipieren, zu drehen und zu veröffentlichen, müssen also alle Parameter stimmen.

Aufnahmequalität

Videografie ist wie die Fotografie ein Handwerk, das gelernt und geübt werden muss. Die Beliebtheit der TikTok-Clips und der mittlerweile unübersehbaren Anzahl von Katzen- und Fail-Videos auf YouTube, Instagram, Facebook und Co. darf nicht darüber hinwegtäuschen, dass es zeitlose Regeln und Vorgaben gibt, die für den Erfolg eines Films unerlässlich sind. Schlechte Auflösung, konzeptionslose oder nicht vorhandene Beleuchtung, fehlende Kamerastabilität, wilde Schwenks in alle Richtungen, unmotivierte und holprige Zoom-Fahrten sind nur einige der typischen K.-o.-Kriterien.

Tonqualität

Die »Tonspur« erhält nicht ohne Grund einen eigenen Absatz. Tatsächlich sehen viele Zuschauer eher über eine schlechte Video-Aufnahmequalität hinweg als über miesen, störenden oder völlig unverständlichen Ton. Nicht umsonst gibt es beim Film eigene Tontechniker und -meister, die sich nur um die Audio-Aspekte einer Produktion kümmern. Ein schneller Tipp aus der Praxis: Nur in Ausnahmefällen eignen sich die eingebauten Mikros von Smartphones, DSLR/DSLM-Kameras und Prosumer-Camcordern für die Aufnahme von überzeugenden Tonspuren.

Idee, Skript
Die gute Nachricht direkt vorweg: Ein starres Drehbuch mit in Stein gemeißelten Texten und detaillierten Regieanweisungen benötigen Sie nicht für ein erfolgreiches Recruiting-Video. Nichtsdestotrotz bringt auch ein fröhliches Drauflosfilmen in der Regel keine verwertbaren Resultate. Unsere eigenen Videografen gehen daher nicht an die Arbeit, bevor ein zielgerichtetes, aber flexibles Skript steht.

Meine diesbezügliche Empfehlung: Setzen Sie gerne auf das sehr sinnvolle und erfolgreiche Mittel der audiovisuellen Umsetzung Ihrer Mitarbeitergewinnungsmaßnahmen. Vermeiden Sie aber unbedingt die Fehler und Sackgassen, die ich oben aufgeführt habe.

Schritt 3: Anbahnung – Showing, not Telling

Wie bereits im Kapitel zum Thema Employer Branding angeschnitten, sollten Sie unabhängig vom konkreten Personalbedarf unbedingt dafür Sorge tragen, dass Ihre Praxis in Ihrer Region bei Patienten, Kollegen, Zulieferern, Geschäftspartnern und potenziellen Job-Kandidaten bereits einen guten Ruf genießt. Dieser ergibt sich unter anderem aus Authentizität, Konsequenz und Entscheidungsfreudigkeit. Was auf der Meta-Ebene funktioniert, entfaltet dann auch im Bereich der persönlichen Ansprache von Job-Kandidaten seine anziehende Wirkung. Anstatt nun im übertragenen Sinne in Großbuchstaben und mit unangenehm vielen Ausrufezeichen »Wir sind der beste Arbeitgeber überhaupt, ganz bestimmt! Dies ist kein Bluff!« in die Welt hinauszuposaunen, müssen Sie den potenziellen

Kandidaten Ihre besonderen Vorzüge so subtil wie nur irgend möglich kommunizieren.

Die Fachkräfte, die für Sie interessant sind, wissen eigentlich sehr genau: Wer es nötig hat, auf seine vermeintlichen Benefits explizit hinzuweisen und keinerlei Qualitätskriterien anzuwenden scheint, sollte mit Vorsicht genossen werden. Vielleicht haben Sie ihn ja in vergangenen, eher wenig erfolgreichen Job-Interviews selbst kennenlernen können: den Moment, in dem bei Ihrem Gegenüber die »Zugbrücke hochgeht« und weitere Bemühungen aussichtslos erscheinen. Diese Situation rettet man dann auch nicht mehr mit x-beliebigen Zusatzvorteilen, mehr Urlaubstagen und Obstkörben. Der Zug ist abgefahren. Wesentlich sinnvoller und erfolgversprechender ist die strategisch strukturierte Ansprache.

Ihr Ring, Ihre Regeln

Wenn Sie also die bekannten Stellenportale und Printmedien komplett außen vor lassen und auf Social Media nur gezielt und unter Berücksichtigung individueller Rahmenbedingungen und Job-Charakteristika setzen sollen – wo finden sich dann überhaupt Ihre psychologisch optimierten Stellenprofile, auf die sich motivierte und qualifizierte Fachkräfte bewerben können? Diese Frage wird mir logischerweise früher oder später von Inhabern von Arzt-, Facharzt- und Zahnarztpraxen gestellt, mit denen ich täglich ins Gespräch komme. Die Antwort ist so einfach wie folgerichtig: auf Ihrem eigenen Karriereportal. Das unvermeidliche Stirnrunzeln bezüglich des vermeintlich hohen Aufwands kontere ich dann mit der Zusicherung, dass Konzeption, Realisierung und Pflege eines Karriereportals natürlich von uns übernommen werden können.

Denn selbst wenn bereits ein intern erstelltes Karriereportal existiert, reicht es nicht aus, einfach nur die auf anderen Kanälen veröffentlichten Job-Offerten dort ebenfalls einzustellen. Vielmehr bedarf es zweier weiterer wichtiger Punkte: einer psychologisch fundierten Ansprache, die die Zielgruppe tatsächlich dort abholt, wo ihre Erwartungen und Bedürfnisse sind, und eines passenden Hebels, der die Menschen auch auf dieses Karriereportal leitet. Wir setzen dafür auf spezifische und individuelle Online-Kampagnen über Google und Social Media. Wir empfehlen unseren Kunden immer, ein eigenes Karriereportal zu unterhalten. Dieses konzipieren wir und setzen es natürlich dann auch zeitnah um. Dieses Portal transportiert all die überzeugenden und mitreißenden Aspekte, die für die jeweilige Praxis und das bestehende Team sprechen. Die eng eingegrenzte Zielgruppe wird dort mit allen Sinnen emotional angesprochen und idealerweise wie von einem Magneten angezogen und kann direkt und ohne Umwege einen psychologisch optimierten Fragebogen ausfüllen und abschicken.

Die besonderen Vorteile der Auslagerung spezifischer Aufgaben aus den Bereichen Mitarbeiterbindung, Mitarbeitergewinnung und Employer Branding erläutere ich im Kapitel 6. Kommen wir aber wieder zurück zu den Argumenten, die für die Einrichtung eines eigenen Karriereportals auf der Internet-Präsenz der jeweiligen Arzt-, Facharzt- oder Zahnarztpraxis sprechen.

Unabhängigkeit von den Launen der Web-Protagonisten

Erinnern Sie sich noch an das Hü und Hott und die willkürlichen »Schachzüge« von Elon Musk bei der Übernahme des Internet-Kurznachrichtendienstes Twitter? Weniger medial begleitet, aber ähnlich kontrovers wurde die Entscheidung des Business-Portals XING diskutiert, ab Anfang 2023 keine Gruppenforen mehr anzubieten oder vorzuhalten. Als Konsequenz wanderten sehr viele – bis dato treue und zahlende – Benutzer zum Konkurrenten LinkedIn ab, der sich natürlich sehr darüber freute.

Diese Beispiele beschreiben ein Grundproblem von zahlreichen Web-Angeboten: Die User müssen sich wohl oder übel mit den Allüren der Besitzer von marktbeherrschenden Internetportalen abfinden – oder eben die Tür von außen zumachen. Sind Sie hingegen der Herr im Haus, da auf Ihren Namen Ihre Praxis-URL registriert wurde, können Sie im Rahmen der Gesetze schalten und walten, wie es Ihnen gefällt. Natürlich kann rein theoretisch irgendwann auch das Internet »ausgeschaltet« werden. Aber dann würde dieser Schritt auch alle einschlägigen Portale und Online-Medien betreffen und ganz andere Konsequenzen nach sich ziehen …

Gestaltungsfreiheit

Der Deal zwischen Internet-Portalen und zahlenden Nutzern lautet im Grunde wie folgt: Ich nehme dir die Arbeit ab, selbst eine Seite ins Netz zu stellen, Werbung dafür zu schalten und bestimmte Funktionalitäten zu entwickeln. Du gibst mir im Gegenzug dafür Geld und akzeptierst meine Rahmenbedingungen und gestalterischen Präferenzen. Je mehr Geld man bezahlt, desto mehr Freiheit wird einem üblicherweise eingeräumt. Diese Vereinbarung funktioniert in sehr vielen Fällen immer noch hervorragend – Preisvergleichsportale wie idealo und Online-Shopping-Malls wie Amazon erfreuen sich ungetrübter Beliebtheit.

Im Personalbereich hat sich, auch angesichts des sich stetig weiter forcierenden Fachkräftemangels, diese Vorgehensweise aber mittlerweile vollständig überlebt. Insbesondere wenn man als zahlender Nutzer nicht im trüben Durchschnittsbrei angeln will, sondern Wert auf Mitarbeiter legt, die mit Motivation, Fachwissen, Erfahrung und neuen Ideen das eigene Unternehmen voranbringen sollen. Dementsprechend führt unserer Erfahrung nach kein Weg an einem eigenen Karriereportal für Ihre Praxis vorbei. Sie müssen sich dann nicht mit Hunderten Wettbewerbern in einen Web-Auftritt quetschen, dessen Vorgaben Ihren Vorstellungen komplett zuwiderlaufen. Wer Internet-basierte Dienstleistungen – in Form von »Software as a Service«-Funktionalitäten oder als Formularmasken, die mit Inhalt gefüllt und dann der Zielgruppe präsentiert werden – anbietet, verfolgt andere Ziele als die Personen, Unternehmen und Organisationen, die diese in Anspruch nehmen.

Stellenportale verdienen an der Masse der Offerten. Dass die einzelnen Jobangebote in der Flut der Mitbewerber untergehen, ist allen Beteiligten klar. Nichtsdestotrotz werden dann neben den sehr eingeschränkten Gratismöglichkeiten und der unspektakulären 08/15-Standardanzeige nicht selten auch noch »Premium-Pakete« angeboten, die zwar ein wenig mehr Funktionen oder »Prominenz« bieten, im Grunde aber von Ihrer wirklichen Zielgruppe auch nicht – oder nicht mehr – beachtet werden. Zudem müssen Sie sich nicht selten auch mit rigiden Textbeschränkungen und Vorgaben für Bilder und Videos auseinandersetzen, die Ihrer Einzigartigkeit überhaupt nicht gerecht werden. Haben Sie sich hingegen entschieden, ein eigenes Karriereportal einzurichten, können Sie die gesamte Bandbreite Ihrer Vorzüge transparent, greifbar und erlebbar präsentieren. Weiterhin vermeiden Sie die bereits beschriebenen Nachteile, die für Sie entstehen, wenn Sie sich wieder in die Vergleichbarkeit begeben.

Aktualität

Wenn Sie nicht erst den Umweg über ein Stellenanzeigen-Medium und dessen Prozessabläufe gehen müssen, können Sie extrem zeitnah das Angebot Ihres eigenen Karriereportals an Ihre tatsächlichen Bedürfnisse anpassen. Der Clou: Es fallen keine zusätzlichen Gebühren des Betreibers an beziehungsweise Sie zahlen keine Pauschalbeträge/Flatrates, wenn Sie die eigentliche Dienstleistung selbst überhaupt nicht in Anspruch nehmen. Zudem arbeitet Ihr eigenes Karriereportal auch für Sie, wenn Sie aktuell gerade keine offene Stelle anbieten, indem es Ihre Arbeitgebermarke weiter schärft und für einen regelmäßigen Strom von Initiativbewerbungen sorgt. Auf diese können Sie dann sofort zugreifen, wenn sich Bedarf ergibt.

Schritt 4: Selektion – Fragen Sie die Kandidaten, was Ihnen wichtig ist

Arbeiten Sie mit einem eigenen Karriereportal, sind Sie in der Lage, einen digitalen, psychologisch optimierten Fragebogen einzusetzen, der genau die Punkte abruft, die für Sie wirklich von Belang sind. Auf diese Weise fungiert das Karriereportal Ihrer Praxis nicht nur als zielgerichtetes Informations- und Kommunikations-Medium, das bei wechselwilligen Fachkräften weiteres Interesse an Ihnen weckt, es sorgt gleichzeitig dafür, dass Sie anhand der Antworten bereits in erheblichem Umfang die Spreu vom Weizen trennen können. Sparen Sie sich auf diese Weise unnötige Arbeit und konzentrieren Sie Ihre wertvolle Zeit auf die Kandidaten, die wirklich zu Ihnen und Ihrem Team passen könnten. Die Vorauswahl über einen individuell erstellten Fragebogen sorgt dafür, dass die Personalverantwortlichen in der Praxis im nächsten Schritt nur die Kandidaten anrufen und psychologisch »abklopfen«, die grundsätzlich zum Bestandsteam passen könnten. Das nachfolgende Kennenlerngespräch engt dann anhand der Fragen einer praktischen Eins-zu-eins-Vorlage den Kreis der Kandidaten weiter ein und führt in aller Regel dazu, dass wirklich die Fachkräfte eingestellt werden, die die Praxis weiterbringen können.

Schritt 5: Das Kennenlerngespräch: »Meinst du es wirklich ehrlich mit mir?«

Beim Kennenlerngespräch tanzen viele Kandidaten und Personalverantwortliche immer noch unnötig um den heißen Brei herum, vergeuden Zeit mit unnützen »So tun, als ob«-Spielchen und versuchen, sich immer noch alle Türchen offen zu halten. Diese unnötigen und unreifen Schleifen sollten Sie sich sparen, wenn Sie auf der Suche nach qualifizierten und motivierten Fachkräften für Ihre Praxis sind. Sie hegen ernsthafte Absichten und legen entsprechend Wert darauf, dass auch Ihr Gegenüber im Vorstellungsgespräch nicht mit gezinkten Karten spielt und einfach nur den höchsten Jackpot abräumen will. Um Ihr Ziel zuverlässig zu erreichen, sollten Sie also zurückhaltend, souverän und strukturiert vorgehen.

Für unsere Kunden entwickeln wir jeweils einen individuellen Fragenkatalog fürs Kennenlerngespräch, der auf dem Fragebogen des Karriereportals sinnvoll aufbaut, aber mehr ins Detail geht und Ihre Gesprächspartner animiert, aus sich herauszukommen und Antworten zu liefern, die Ihnen sicher Auskunft über die tatsächlichen Motive geben.

Ganz wichtig: Rechnen Sie unbedingt von Beginn an damit, dass Sie es mit Ihrem absoluten Traumkandidaten zu tun bekommen könnten. Diese Vorbereitung ist sehr wichtig, da Sie dann weiterhin souverän bleiben können. Einige Inhaber und/oder Personalverantwortliche von Arzt-, Facharzt- und Zahnarztpraxen machen nämlich den Fehler, bei einem »Match« zu versuchen, den Kandidaten zu »kidnappen« und ihn einfach nicht mehr gehen lassen zu wollen. Natürlich riecht Ihr Gesprächspartner dann die Lunte und fängt nicht selten an, den Preis weiter in die Höhe zu treiben. Beiden Seiten ist mit dieser Vorgehensweise nicht geholfen: Der Neuzugang weiß nun, welche Knöpfe er drücken muss, um seinen Willen durchzusetzen. Sie hingegen müssen einerseits einen unnötig hohen Preis zahlen und haben andererseits Ihre offene Flanke verraten. Keine guten Voraussetzungen für eine konstruktive, faire und wertschätzende Zusammenarbeit.

Wesentlich zielführender verfahren Sie wie folgt: Gehen Sie einfach davon aus, dass beide Seiten ähnliche Absichten hegen und schlichtweg herausfinden wollen, ob die jeweils andere Seite es wirklich ernst und ehrlich meint. Aus dieser Position heraus geraten Sie auch nicht in die Versuchung, mit Hauruck-Maßnahmen auf den letzten Metern Ihre Arbeitgeber-Attraktivität vermeintlich verbessern zu müssen. Der Job-Kandidat, der perfekt zu Ihnen passen würde, sollte vielmehr den Eindruck erhalten, dass Sie zwar ehrliches – und überdurchschnittliches – Interesse an ihm hegen, er sich aber auch ein wenig ins Zeug legen muss, damit er bei Ihnen die Gelegenheit erhält, sich beruflich und persönlich entfalten zu können, beste Zukunftsperspektiven zu haben und sich auf hilfsbereite, motivierte, fröhliche und produktive Kollegen freuen zu dürfen.

Um es noch einmal ganz klar und deutlich zu sagen: Es geht nicht darum, sich gegenseitig etwas vorzumachen, sondern zurückhaltend, aber interessiert die Motive der anderen Seite freizulegen. Passen dann alle Parameter und stimmt die Chemie, liegt es an Ihnen, den letzten entscheidenden Schritt zu machen und den Kandidaten einzustellen, der wirklich menschlich und fachlich am besten in Ihr Praxis-Team passt. Aber Vorsicht: Bitte einen wichtigen Aspekt nicht außen vor lassen, der bei Missachtung im schlimmsten Fall Ihre vorherigen Maßnahmen komplett zunichtemachen kann.

Onboarding – Eingestellt ist noch lange nicht integriert und dauerhaft motiviert

In den Wochen und Monaten nach der Unterschrift unter den Arbeitsvertrag entscheidet sich unserer Erfahrung nach erst, ob Sie, Ihr Team und der neue Mitarbeiter wirklich zusammenpassen – oder ob man sich in Ein- oder Zweitracht wieder voneinander trennt. Von der Euphorie der ersten Tage bis zum Frust zum Ende der Probezeit führen bei unzureichender Einarbeitungs- und Integrations-Phase mehrere, gleichermaßen schnelle und destruktive Wege. Einen wirkungsvollen Erfolgsweg gibt es hingegen nur einmal.

Besteht das Onboarding-Konzept lediglich aus einer Loseblattsammlung von Kopien aus veralteten HR-Fachzeitschriften, einem mehr schlecht als recht auf die konkreten Praxisbedingungen adaptierten QM-Ordner aus grauer Vorzeit und einer genervten Mitarbeiterin, die den »Neuen« ein paar Wochen »mitlaufen« lässt, ist der Misserfolg schon fast vorprogrammiert. Um als Praxis und Team tatsächlich weiter wachsen zu können, benötigen Sie eine realistisch veranschlagte Einarbeitungszeit – und ein Einarbeitungskonzept, das seinen Namen auch verdient. Bei beiden Punkten unterstützen wir unsere Kunden natürlich von Beginn an, um einen nachhaltigen Erfolg sicherzustellen.

Kapitel 6

DIE BEDEUTUNG EXTERNER UNTERSTÜTZUNG

In den vorhergehenden fünf Kapiteln habe ich Ihnen meine Sichtweise auf die Ursachen des Fachkräftemangels im Allgemeinen und in Bezug auf Arzt-, Facharzt- und Zahnarztpraxen im Speziellen dargelegt. Weiterhin kennen Sie jetzt die Bedeutung und die wirkungsvollste Vorgehensweise für eine wertschätzende Mitarbeiterbindung. Ebenfalls geläufig sind Ihnen die Grundlagen eines sorgfältig konzipierten, regelmäßig gepflegten Employer Branding und die Schritte auf dem Weg zum erfolgreichen und nachhaltigen Mitarbeiter-Recruiting. Über die wichtigsten Aspekte bei der Ansprache, Auswahl und Einstellung von menschlich und fachlich passenden Fachkräften für Ihre Praxis wissen Sie ebenfalls detailliert Bescheid.

Viele Praxisinhaber, die sich entweder meine Videos auf YouTube angesehen, meinen Podcast gehört, dieses Buch gelesen oder sich bei mir und meinem Team über die Thematik im persönlichen Gespräch informiert haben, sehen sich nun an einem Punkt, der für die weitere Zukunft ihres Unternehmens – nicht selten auch ihres Lebenswerks – weitreichende Konsequenzen nach sich ziehen kann. Sie befinden sich an einer Weggabelung, die nach links in die Richtung »Weiter so wie bisher« zeigt und darauf setzt, dass sich Probleme von selbst auflösen werden. Nach rechts zeigt der Wegweiser auf Veränderung, Initiative, Aktivität. Nicht wenige zögern aber noch, sich in diese – natürlich richtige und zukunftsorientierte – Richtung zu bewegen, da sie vor sich einen unüberwindbaren Berg von Aufwand, Zeit- und Kostenressourcen ohne Erfolgsgarantie wähnen.

Diese Skepsis ist absolut. verständlich und angesichts der Belastungen, denen Inhaber von Arzt-, Facharzt- und Zahnarztpraxen aktuell ausgesetzt sind, vollkommen nachvollziehbar. »Ich arbeite doch jetzt schon fast rund um die Uhr, um die stetig zunehmenden Behandlungsanfragen mit einer ausgedünnten Mannschaft zu bewältigen, wann soll ich mich um neue Mitarbeiter kümmern?«, höre ich immer wieder. Die gute Nachricht: Niemand verlangt von Ihnen, sich in die komplexe Thematik der Mitarbeitergewinnung für medizinische Berufe einzuarbeiten, die resultierenden Maßnahmen selbst zu konzipieren, zu koordinieren und durchzuführen. Für diesen Zweck gibt es Spezialisten. In diesem letzten Kapitel beantworte ich daher auch die Frage, warum Sie sich externe Hilfe holen sollten – auch wenn Sie theoretisch Zeit und Muße hätten, sich in die Details zu vertiefen. Weiterhin gebe ich Ihnen Tipps zur Auswahl einer professionellen und integren Personalagentur.

Tatsächlich ist es mir auch persönlich ein echtes Anliegen, in unserer wirtschaftlichen Nische die Spreu vom Weizen zu trennen. Die Akquiseaktivitäten und Versäumnisse einiger schwarzer Schafe fallen letztendlich auf die ganze Branche zurück und sorgen dafür, dass viele Angestellte in Arzt-, Facharzt- und Zahnarztpraxen am falschen Platz die falschen Tätigkeiten ausführen und dabei todunglücklich sind. Gleichzeitig leiden auch die Praxen, da die anfallenden Aufgaben schlecht oder überhaupt nicht bewältigt werden können.

Jetzt aber zu den Gründen, warum Sie sich nicht persönlich die Mühe machen sollten, nach passenden Fachkräften

Ausschau zu halten, sondern auf erfahrene Experten vertrauen sollten.

Warum haben Sie sich entschieden, Menschen zu helfen?

Gehen wir mal in die Zeit zurück, als Sie sich entschieden haben, Mediziner zu werden. Dabei ist es vollkommen unerheblich, ob Ihre Leidenschaft für Zahnmedizin, Radiologie, Dermatologie, Augenheilkunde oder eine andere Fachdisziplin brannte und brennt – oder es Ihr Ziel war, als Allgemeinmediziner und Hausarzt zu praktizieren. Ihr Fokus lag höchstwahrscheinlich darauf, Menschen aktiv bei der Überwindung von Krankheit und Leid zu unterstützen, ihnen wieder Freude am Leben zu schenken oder ihnen zu ermöglichen, wieder unbeschwert mit schönen Zähnen zu lächeln. Diese Motivation sorgt dafür, dass Sie ein ungemein anspruchsvolles und langwieriges Studium gewählt, in teure und komplexe Medizintechnik investiert und Ihren eigenen Patientenkreis aufgebaut haben. Hier liegt Ihre Leidenschaft, hier sind Sie in Ihrem Element, hier fließt Ihre ganze Energie hin. Warum sollten Sie sich jetzt mit einem vollkommen komplementären Fachgebiet beschäftigen? Wo wollen Sie die nötige Zeit hernehmen?

Wenn Sie weder Ihre Patienten noch Ihre Mitarbeiter vernachlässigen wollen, leidet Ihre Freizeit und somit die unerlässlichen Erholungszeiten. Tatsächlich habe ich mehrere Fälle erlebt, in denen das Recruiting-Engagement der Praxisleitung dafür sorgte, dass die Stimmung in der Belegschaft in den Keller ging, verdiente Mitarbeiter kündigten und sich das zugrunde liegende Problem – der Fachkräftemangel der Praxis – nur noch verschlimmerte. Ein weiterer potenzieller Teufelskreis.

Diesem entkommen Sie, indem Sie das Thema Recruiting und die flankierenden Maßnahmen komplett auslagern.

Der Prophet im eigenen Lande

Neben dem eben erwähnten und wohl offensichtlichsten Problem des Fokusverlusts in Bezug auf die eigentliche medizinische Berufung sorgt aber auch immer wieder das Problem des »internen Propheten« dafür, dass Recruiting-Maßnahmen in Eigenregie überproportional oft scheitern. Mitarbeiter erwarten von Praxisinhabern, dass sie die unternehmerischen und medizinischen Leitlinien vorgeben, auf die Behandlungsqualität achten, grundlegende Personalentscheidungen treffen und sich für das Wachstum der Praxis einsetzen. Wenn diese dann plötzlich ein sekundäres Steckenpferd für sich entdecken, entsprechende Initiativen anstoßen und Mitarbeiter mit fachfremden Aufgaben betreuen, werden sie mit erheblich reduzierter Akzeptanz für eigentlich sinnvolle Veränderungen konfrontiert – oder schlichtweg nicht mehr ernst genommen. Spricht sich diese Fokus-Aufweichung dann unter den Praxen der Region herum, gesellt sich nicht selten auch Häme oder Spott hinzu.

Beauftragen Sie eine externe Personalagentur mit der Erstellung und Durchführung einer Recruiting-Strategie, verschwimmen keine Zuständigkeiten, Kompetenzen und Verantwortungen sind klar definiert und abgegrenzt. Haben Sie sich für eine professionelle Personalagentur entschieden, klärt diese dann auch echte Missverständnisse und Fehleinschätzungen der Belegschaft auf und arbeitet fair, aber stringent mit Ihren Mitarbeitern zusammen. Sie selbst behalten den Überblick und laufen nicht Gefahr, in Klein-klein-Diskussionen hineingezogen zu werden, die weder zielführend sind noch Ihrer Kernkompetenz entsprechen.

Erfahrungsvorsprung externer Dienstleister

Als Mediziner wissen Sie genau, dass erst die tägliche Erfahrung im Kontakt mit echten Menschen dafür sorgt, dass Ihre im Studium erworbenen Kenntnisse und Fertigkeiten immer besser werden, Ihre Diagnosen immer präziser ausfallen. Genauso verhält es sich natürlich im Personalberatungs-Business. Wir haben zum Beispiel in den letzten Jahren mit Hunderten Praxen im deutschsprachigen Raum zusammengearbeitet und kennen uns mittlerweile sehr gut mit der Zielgruppe der medizinischen Fachkräfte aus; wir wissen, wo ihre »Schmerzen« sind, welche Kanäle sie bevorzugen und in welcher Tonlage sie angesprochen werden möchten. Diesen Erfahrungsvorsprung haben wir uns ehrlich erarbeitet, darauf sind wir stolz. Viele unserer Kunden sagen uns während der Zusammenarbeit ganz offen, dass sie diesen Vorsprung niemals selbst erreicht hätten, auch wenn sie sich täglich rund um die Uhr mit der Recruiting-Thematik beschäftigt hätten.

Nachdem wir uns mit den Vorteilen einer externen Personalberatungsagentur beschäftigt haben, möchte ich Ihnen natürlich auch wichtige Kriterien bei der Auswahl der passenden Spezialisten nicht vorenthalten.

Die Auswahl der richtigen Personalberatungsagentur

Die Entscheidung, sich bei Konzeption, Durchführung und Optimierung langfristig ausgerichteter Employer-Branding-Maßnahmen, wirkungsvoller Mitarbeiterbindungs-Aktivitäten und insbesondere im Bereich überzeugender Recruiting-Strategien und Kampagnen von externen Spezialisten unterstützen zu lassen, stellt meiner Erfahrung nach zuerst einmal eine wichtige und richtige Investition in die Zukunftsfähigkeit einer Arzt-, Facharzt- und Zahnarztpraxis dar. Entsprechend erfolgskritisch ist es dann aber auch, wirklich die beste – und vor allem perfekt passende – Personalagentur auszuwählen. Hier spielen einerseits allgemeingültige Qualitätskriterien eine Rolle, andererseits hängt der Erfolg der Zusammenarbeit ebenfalls davon ab, inwieweit sich die Vorstellungen, Erwartungen und Vorgehensweisen beider Seiten ergänzen. Konkret gesagt geht es darum, ob die Chemie stimmt und man in einen Kollaborations-»Flow« kommt, der für beide harmonisch, unkompliziert und synergetisch abläuft.

Beschäftigen wir uns zuerst mit den allgemeingültigen Qualitätskriterien, die Ihnen helfen, die Spreu vom Weizen zu trennen. Tatsächlich strömen angesichts des sich stetig zuspitzenden Fachkräftemangels immer mehr schwarze oder zumindest dunkelgraue Schafe in den Markt, die das schnell und leicht verdiente Geld wittern. Diese Menschen spekulieren darauf, dass sich bei zunehmender Verzweiflung schon irgendein Praxisinhaber findet, der alle Warnsignale und Vorsichtsmaßnahmen missachtet und sich an den wirklich letzten Strohhalm klammert, der ihm hingehalten wird. Worauf sollten Sie also achten, wenn Sie nach einer Personalagentur suchen, die sich auf Arzt-, Facharzt- und Zahnarztpraxen spezialisiert hat?

Mehr Schein als Sein?

Zuallererst sollten Sie herausfinden, ob sich die Agentur wirklich auf Arzt-, Facharzt- und Zahnarztpraxen spezialisiert hat. Diese Frage erscheint im ersten Moment ziemlich banal, denn warum sollte sich jemand bei Ihnen als externer Recruiting-Dienstleister vorstellen, der zwar im

Personalbereich beratend tätig ist, sich aber im medizinischen Umfeld überhaupt nicht auskennt? Tatsächlich erlebe ich es immer wieder, dass gerade Mediziner hier erstaunlich unkritisch agieren. Dies liegt vor allem daran, dass sie davon ausgehen, dass bestimmte Behauptungen bezüglich Spezialisierungen üblicherweise umfassend fundiert sind – aus der Erfahrung heraus, welche Konsequenzen es haben könnte, unverdient einen Doktor- oder einen Facharzt-Titel zu führen. Leider haben manche Inhaber von Personalagenturen diesbezüglich wesentlich weniger Skrupel und schmücken sich gerne mit bunten oder fremden Federn.

Dementsprechend lautet mein Rat: Lassen Sie sich unbedingt konkrete Referenzen aus Ihrem Fachbereich vorlegen. Fordern Sie die Telefonnummern der Kollegen ein, um eventuell direkt anzurufen und die Angaben überprüfen zu können. Ob Sie dann tatsächlich zum Telefonhörer greifen oder sich im Internet, über Google-Bewertungen oder andere Quellen schlaumachen, hängt primär von Ihrer Zeit ab. Wichtig ist vielmehr, dass Ihnen offen und ohne Zögern Referenzen genannt werden und nicht herumgedruckst wird.

Noch grün hinter den Ohren?

Über welche Erfahrung verfügt der Dienstleister überhaupt? Haben seine Aussagen über jahrelange Marktpräsenz tatsächlich Hand und Fuß? Wir, die Fengler Consulting GmbH in Berlin, agieren zum Beispiel bereits seit geraumer Zeit am Markt. Dabei haben wir uns natürlich nicht auf unseren Lorbeeren ausgeruht, sondern die Erfahrungen analysiert und unsere Methodik kontinuierlich weiterentwickelt. Auf diese Weise kommen wir jetzt noch schneller zu belastbaren und langfristigen Resultaten. Und das können wir problemlos jederzeit belegen. Um die diesbezüglichen Aussagen der jeweiligen Personalagentur zu überprüfen, lassen Sie sich konkrete Belege zeigen, die beweisen, dass Sie es wirklich mit einem erfahrenen und langjährig erfolgreich agierenden Anbieter zu tun haben. Meine Empfehlung: Fordern Sie nicht nur aktuelle Referenzen, sondern auch solche aus den letzten Jahren ein, fragen Sie vielleicht auch direkt nach dem Gewerbeschein oder anderen aussagekräftigen offiziellen Dokumenten, googeln Sie den Namen Ihres direkten Ansprechpartners oder schauen Sie in Web-Archiven, wie die Internetseite vor ein oder zwei Jahren aussah.

08/15-Methoden und keine eigenen Ideen?

Sie sind auf der Suche nach motivierten, menschlich und fachlich passenden Mitarbeitern, die langfristig denken und Ihre Praxis voranbringen sollen. Daher haben Sie auch ein Recht, zu erfahren, wie der jeweilige Dienstleister diese konkrete Aufgabe bewältigen will und kann. Fragen Sie also direkt und ohne Umschweife, welche Methoden eingesetzt und welche Kanäle bespielt werden sollen und welche Auswahlkriterien ins Spiel kommen. Verspricht Ihr Ansprechpartner, er setze auf eine bestimmte psychologische Vorgehensweise? Erhalten Sie auf Nachfrage dann nur oberflächliche Antworten, die wahrscheinlich woanders abgekupfert wurden und die unter anderem die »neuen« und angesagten Social-Media-Kanäle favorisieren und ansonsten eher um den heißen Brei herumlavieren, sollten Ihre Alarmglocken schrillen. Tatsächlich stellt das unreflektierte und unkritische Hineinpumpen von Geld und Zeit in die verschiedenen Sozialen Medien nach dem Gießkannenprinzip die schnellste und sicherste Möglichkeit dar, Ihr mühsam erarbeitetes Geld unwiderruflich zu verbrennen. Nutzen? Keiner, eher noch negative Effekte auf Ihr Renommee als Praxis.

Apropos Geld: Auch im Personalberatungsgeschäft für Arzt-, Facharzt- und Zahnarztpraxen gilt: Qualität bekommt man nicht umsonst. Sie lassen sich für Ihre hochprofessionelle und qualitativ überzeugende Tätigkeit auch entsprechend entlohnen. Sicherlich kennen die Zahnärzte unter meinen Lesern einige Fälle von Patienten, die nicht bereit waren, für Eigenleistungen die in Deutschland üblichen Honorar- und Materialkosten zu zahlen, sich dann bei Ärzten im Ausland umgesehen haben – und sich mit den entsprechenden »Ergebnissen« im schlimmsten Fall für den Rest ihres Lebens abfinden müssen. Ähnlich erging es einigen Praxisinhabern, die sich für den günstigsten Recruiting-Anbieter entschieden, viel Geld in nutzlose Maßnahmen investiert und sich dann doch an uns gewendet haben. Oft konnten wir weiterhelfen, manchmal aber eben auch nicht. Unterm Strich zahlt man auch in diesem Bereich doppelt, wenn man auf Anhieb billig kauft und auf das vermeintlich günstigste Angebot setzt.

Hier gibt es nur ein Kriterium für Punktvergabe oder Abzug: Erfahre ich verständlich und nachvollziehbar, auf welche Weise der Anbieter die für mich fachlich und menschlich passenden Mitarbeiter findet und bindet? Und kann diese Aussage durch die Referenzen glaubhaft unterfüttert werden?

Fire-and-Forget?

Wie steht es mit dem Service-Verständnis der entsprechenden Personalagentur? Rauschen die »Consultants« wie ein Schnellzug in Ihre Praxis hinein, lassen keinen Stein auf dem anderen (auch wenn in den jeweiligen Bereichen überhaupt kein Optimierungsbedarf besteht) und sind schon wieder weg, bevor Sie überhaupt die ersten Ergebnisse gesehen haben? Erhalten Sie erst mit Verzögerung oder nie Antworten auf Ihre E-Mails? Und stehen sie Ihnen bei der konkreten Auswahl der passenden Kandidaten wirklich unterstützend zur Seite? Wenn die Antworten auf diese Fragen eher ernüchternd ausfallen, sollten Sie den Anbieter ad acta legen und Ihre Suche nach einer professionellen und serviceorientierten Personalagentur fortsetzen.

Erinnern wir uns: Sie sind Arzt geworden, um Menschen zu helfen. Diese Profession bindet Ihre wertvolle Zeit vollumfänglich. Wenn Sie sich dann auch noch um die Versäumnisse eines unprofessionellen Personaldienstleisters kümmern und hinter ihm den resultierenden Scherbenhaufen auffegen müssen, spitzt sich Ihr Personalnotstand noch weiter zu. Achten Sie also lieber gleich darauf, dass Sie einen gut erreichbaren, persönlichen Ansprechpartner haben, der sagt, was er tut – und auch tut, was er sagt. Ihnen sollte es nur noch obliegen, die Kennenlerngespräche zu führen und die passenden Bewerber dann auch einzustellen. Alles andere gehört in den Aufgaben- und Kompetenzbereich eines vertrauensvollen und engagierten Recruiting-Spezialisten für Arzt-, Facharzt- und Zahnarztpraxen.

One-Man-Show?

Zieht Ihr Ansprechpartner als One-Man-Show oder Recruiting-Glücksritter ins Rennen oder hat er sich anhand derselben psychologischen Auswahlkriterien, die er für Sie einsetzt, sein eigenes Team zusammengestellt und aufgebaut? Wenn er die Grundsätze, die er bei seinen Kunden vehement vertritt, nicht in seinem eigenen Unternehmen anwendet, ist es mit seiner Glaubwürdigkeit und Effektivität nicht weit her.

Schlüssiges Gesamtkonzept oder Flickschusterei beziehungsweise Copy-and-paste?

Weiterhin sollte er eine überzeugende Strategie vorlegen und erklären können, wie er Sie vor unpassenden oder sogar schädlichen Mitarbeitern bewahrt. Diese Vorgehensweise sollte ausschließlich auf einem selbst erstellten Konzept beruhen, das nicht etwa eins zu eins von einschlägigen Webseiten kopiert wurde. Sie werden sich wundern, wo wir schon überall unsere Methoden, Strukturen oder Formulierungen wiedergefunden haben. Entweder minimal abgeändert oder dreist eins zu eins abgekupfert. Schaltet Ihr Ansprechpartner einfach nur Ihre bestehenden Stellenanzeigen wahllos auf allen Social-Media-Kanälen, hält sich aber bezüglich persönlicher Betreuung in den beratungsintensiven Phasen der Mitarbeitergewinnung (siehe vorheriges Kapitel) vornehm zurück? Dann ist das K.-o.-Kriterium erfüllt, ansonsten stehen Sie wieder am Anfang, haben aber Ihr mühsam verdientes Geld verbrannt.

Gibt es Lockangebote?

Macht Ihr Ansprechpartner Ihnen Angebote, die zu schön sind, um wahr zu sein? Verspricht er Ihnen eine Einstellung innerhalb eines einzigen Monats und wendet er gerade mal ein paar Tage für die Implementierung seines »patentierten Erfolgssystems« auf? Dann besser Finger weg.

Wird das Blaue vom Himmel garantiert?

Lässt sich Ihr Ansprechpartner dazu hinreißen, bei Skepsis Ihrerseits vollmundige Garantien zu geben, die sich im Kleingedruckten als üble Fallstricke entpuppen? Zum Beispiel, dass eine bestimmte Garantie nur greift, wenn Sie einen Bewerber ungeachtet fehlender menschlicher Eignung rein aufgrund bestimmter Fachkenntnisse einstellen müssen? Achtung, Bumerang-Gefahr!

Wird Ihnen Honig um den Bart geschmiert?

Singt Ihr Ansprechpartner höchste Loblieder auf Ihre bereits perfekt vorhandene und unglaublich wirkungsvolle Arbeitgeber-Attraktivität, ohne sich überhaupt näher mit Ihren individuellen Rahmenbedingungen beschäftigt zu haben? Unserer Erfahrung nach gibt es selbst bei gut konzipierten und konsequent umgesetzten Arbeitgeber-Marken immer noch Optimierungsbedarf, um wirklich den bestmöglichen Erfolg zu erzielen. Wenn ein vermeintlich professioneller Personalberater aber eine bilderbuchmäßige Arbeitgeber-Marke diagnostiziert, wo überhaupt keine vorhanden ist, spricht dies schlicht und ergreifend für Faulheit, Ignoranz und Unfähigkeit.

Blaupause – Zusammenarbeit mit externen Dienstleistern

Nun kennen Sie die K.-o.-Kriterien für die Auswahl externer Spezialisten. Natürlich will ich Ihnen aber auch die entsprechenden Positivkriterien nicht vorenthalten: Die nachfolgenden Aspekte haben sich unserer Erfahrung nach als ausgesprochen nützlich erwiesen, um die Kooperation zwischen Inhabern von Arzt-, Facharzt- und Zahnarztpraxen einerseits und uns als beratende und durchführende Personalagentur andererseits so unkompliziert und effektiv wie möglich zu gestalten. Sie erheben dementsprechend keinen Anspruch auf

End- oder Alleingültigkeit. Nichtsdestotrotz konnten wir mit dieser Vorgehensweise in den letzten Jahren Hunderten von Arztpraxen dabei helfen, menschlich und fachlich passende Mitarbeiter zu finden, einzustellen und langfristige, vertrauensvolle Arbeitsbeziehungen aufzubauen.

Erste Kontaktaufnahme

Unsere Kunden finden uns beispielsweise über unsere Website, die wir entsprechend aufgebaut haben und regelmäßig pflegen, über die Videos auf unserem YouTube-Kanal, über unseren Podcast, nach der Lektüre dieses Buches und über Empfehlungen von Kollegen. Wichtig ist dabei, zu wissen: Wir arbeiten pro Region und medizinischer Fachrichtung immer nur mit einer Praxis zusammen, um den bestmöglichen Erfolg zu gewährleisten und keine Kannibalisierungseffekte zu verursachen. Diese Strategie haben sich dann auch einige unserer Wettbewerber zu eigen gemacht. Infolgedessen funktioniert die direkte Weiterempfehlung auf regionaler Ebene nur bei Praxen, die sich anderen Fachgebieten widmen, auf überregionalem Niveau ist dies dann auch im gleichen Fachgebiet möglich. Aufgrund dieser Limitierung müssen wir bereits bei der ersten Kontaktaufnahme prüfen, ob wir schon mit einer Praxis in der Region zusammenarbeiten.

Telefonisches Erstgespräch

Je nachdem, über welchen Kanal Praxis und Personalagentur zusammenfinden, wird dann ein telefonisches Erstgespräch vereinbart. In dessen Verlauf wird entweder gleich geklärt, ob eine Kooperation in Hinsicht auf einen eventuellen Gebietsschutz überhaupt möglich ist, oder es werden schon weitere Details des Interessenten abgefragt und festgehalten. Dazu gehören die konkreten Ziele der Praxis, die Rahmenbedingungen, bereits erkannte Probleme und mögliche versteckte Hindernisse der aktuellen und geplanten Personallage. Weiterhin muss natürlich auch erfasst werden, ob und in welchem Umfang der potenzielle Kunde schon Maßnahmen durchgeführt hat, die sich negativ auf die Arbeitgeberreputation auswirken – und ob es in absehbarer Zeit überhaupt möglich ist, diesen entgegenzuwirken beziehungsweise sie komplett auszuräumen.

Tatsächlich schleppen einige Praxen einen enormen Berg an kontraproduktiver Außenwirkung hinter sich her, der eine erfolgreiche Wende des aktuellen Status quo im Mitarbeiterbereich herausfordernder macht. In diesen Fällen sind wir schonungslos ehrlich und erläutern genau die Negativindikationen. Dem Kunden dann das Blaue vom Himmel zu versprechen, obwohl von Anfang an klar ist, dass kaum oder keine Erfolgsaussichten bestehen, ist absolut unethisch und schadet der gesamten Branche – denn für nennenswerte und langfristige Ergebnisse sind in solch einer Situation vorab weitere Schritte notwendig, die wir individuell erläutern.

Ausführliches Beratungsgespräch per Videokonferenz

Sind die oben genannten Punkte geklärt und ergeben sich weder Negativindikationen noch Konflikte bezüglich Gebietsschutz, wird die momentane Stimmung im Praxisteam im Detail betrachtet und positive sowie negative Aspekte werden analysiert. Besonders im Fokus steht dabei auch der Zustand des Selbstverständnisses der Praxis, die Unternehmensphilosophie sowie die formulierten und unausgesprochenen Werte, die dem täglichen Miteinander zugrunde liegen. Dieser Wertekanon dient dann als Basis für die Ansprache und Auswahl der fachlich und menschlich passenden Mitarbeiter in der jeweiligen Einzugsregion.

Das Resultat des detaillierten Erstgesprächs ist ein konkreter und psychologisch fundierter Plan mit festen Wegpunkten, um das gesteckte Ziel zuverlässig zu erreichen. Gegebenenfalls stehen auch Maßnahmen auf der Agenda, negative digitale Signale der Praxis - deren Umfang sich noch im Rahmen des Machbaren bewegt - auszuräumen. Sind sich dann beide Seiten einig, dass einer Zusammenarbeit nichts im Wege steht und tatsächlich auch die avisierten Erfolge erzielt werden können, werden von der Agentur alle notwendigen Vorbereitungen durchgeführt, um in die nächste Phase einzutreten.

Umsetzung der vereinbarten Strategie

Stehen alle Parameter auf grün, geht es direkt und ohne Zeitverzug in die Umsetzung der besprochenen Vorgehensweise. Eine wirkungsvolle Methodik habe ich ja bereits im vorherigen Kapitel aufgezeigt. Zügiges und stringentes Handeln ist im Bereich der Fachkräftegewinnung für Arzt-, Facharzt- und Zahnarztpraxen ein wesentlicher Erfolgsfaktor. Jede Woche an Untätigkeit, jeder verlorene Tag reduziert die Anzahl der wechselwilligen Mitarbeiter in der jeweiligen Region oder erschwert die Ansprache. Dementsprechend genießt die authentische, individuelle und ansprechende Ausgestaltung des gesamten Außenauftritts der Praxis als attraktiver Arbeitgeber in der Einzugsregion höchste Priorität. Wir setzen dabei seit Jahren erfolgreich auf das Erfolgstrio aus zielgruppenspezifischer und überzeugender Ansprache, persönlichkeitspsychologischem Vorgehen und einer Präsenz im Internet, die auf Klasse statt auf Masse setzt.

FAZIT UND AUSBLICK

Meiner Einschätzung nach werden sich die Ursachen des Fachkräftemangels in absehbarer Zeit nicht in Wohlgefallen auflösen. Weder im allgemeinen Wirtschaftskontext noch im Bereich der Arzt-, Facharzt- und Zahnarztpraxen. Dafür laufen immer noch zu viele Dinge falsch in diesem Land. Es wurden keine zukunftsweisenden und nachhaltigen Weichen gestellt und es steht schlichtweg nicht genug motivierter und qualifizierter Fachkräftenachwuchs zur Verfügung, um all die Stellen zu besetzen, die aktuell bereits frei sind oder in den kommenden Jahren noch frei werden. Infolgedessen werden dann auch immer mehr Amateure auf den medizinischen Personalmarkt drängen, gefolgt von Beratungsagenturen, die ihre Erfahrungen aus anderen Bereichen oder Branchen einfach eins zu eins auf dieses sehr komplexe und facettenreiche Spielfeld übertragen. Deren »Arbeit« führt entweder zu keinen Ergebnissen oder sorgt sogar noch dafür, dass sich die Situation der falschen Leute am falschen Arbeitsplatz mit der falschen Einstellung weiter zuspitzt.

Leidtragende sind in aller Regel Praxisinhaber, die einfach ihrer Profession nachgehen wollen und nach sowohl fachlich als auch menschlich passenden Mitarbeitern suchen, um ihren Patienten die bestmögliche Behandlung zukommen zu lassen. Natürlich wollen sie am Ende des Tages auch gut davon leben, haben sie doch viel Zeit und Geld in ihr Studium und die Ausstattung ihrer Praxis investiert.

Besteht also Grund zum Pessimismus – oder gar zur Panik? Nein, keineswegs. Auch wenn die Zeichen auf Sturm stehen und allenthalben über die ausweglose Situation geklagt wird, kommen Sie dennoch zu den Mitarbeitern, die Sie sich wünschen – und die Sie brauchen. Den Weg dorthin habe ich in diesem Buch skizziert. Verlassen Sie die Vergleichbarkeit, vergessen Sie ausgetretene Pfade, die Ihre Konkurrenten mit jedem verzweifelten Schritt weiter vertiefen. Investieren Sie in Ihre Arbeitgebermarke, auch wenn Sie gerade keinen aktuellen Bedarf haben. Erkennen Sie die Bedeutung von Mitarbeiterbindungsmaßnahmen, ohne sich in einem Mitarbeiter-Wunschkonzert zu verlieren. Setzen Sie auf Ihre Einzigartigkeit, auf Authentizität und Transparenz. Bleiben Sie der Herr im eigenen Hause und liefern Sie sich nicht dem Gutdünken und den Launen der (noch) marktbeherrschenden Job-Portale aus.

Und wenn Sie sich die ganze Arbeit nicht selbst machen wollen, ziehen Sie erfahrene und professionelle Experten hinzu, die Ihre Branche verstehen und Ihre Zielgruppe genau kennen. Lassen Sie sich von vermeintlichen Premium-Personalbeschaffern keinen Bären aufbinden, fordern Sie klipp und klar validierbare Referenzen ein, fragen Sie dort auch tatsächlich nach, stellen Sie konkrete Fragen und akzeptieren Sie keine Ausflüchte. Achten Sie auch darauf, dass Ihnen keine falschen oder unrealistischen Versprechungen gemacht werden, schicken Sie »Alleinunterhalter« auch direkt wieder nach Hause. Dann finden Sie auch eine wirkungsvolle und nachhaltige Therapie für die ursprüngliche Diagnose »Fachkräftemangel«. Ich wünsche Ihnen viel Erfolg und freue mich natürlich auch auf Ihr persönliches Feedback!

Ihr Chris Fengler

ÜBER DEN AUTOR

Chris Fengler hat Wirtschaftsingenieurwesen unter anderem mit Schwerpunkt Marketing studiert. Noch während des Studiums wagte er den Schritt in die Selbstständigkeit, zunächst im Bereich Webdesign, bevor er dann damit begann, seine Kunden auch im Bereich der Mitarbeitergewinnung zu unterstützen. Daraus entwickelte sich schließlich die Leidenschaft, speziell Ärzte, Zahnärzte und Fachärzte bei dem so wichtigen Thema der Fachkräftegewinnung zu unterstützen.

Auf dem deutschen Markt war Chris Fengler der erste Marketingspezialist, der sich ganz gezielt mit den Herausforderungen des Recruitings im Dentalbereich beschäftigte, daraus eine konsequente und überaus erfolgreiche Strategie abgeleitet und diese auch für andere medizinische Fachrichtungen eingesetzt hat.

Mittlerweile verfügt Chris Fengler zusammen mit seinem Team über langjährige Marketingerfahrung und hat sich mit seiner Fengler Consulting GmbH in Berlin auf die besonderen Herausforderungen der Mitarbeitergewinnung in der Gesundheitsbranche spezialisiert. Seine einzigartige Vorgehensweise hat bereits hunderten Arzt-, Zahnarzt- und Facharztpraxen zu den dringend benötigten menschlich und fachlich passenden Mitarbeitern verholfen.